网络营销与直播电商
新形态系列教材

# 新媒体营销与运营

## 营销方法＋运营技巧＋案例实训

INTERNET **微课版** MARKETING

李东进／主编

李申 尹寿芳 吴起／副主编

人民邮电出版社

北京

**图书在版编目（ＣＩＰ）数据**

新媒体营销与运营 ：营销方法+运营技巧+案例实训 / 李东进主编. -- 北京 ：人民邮电出版社，2022.7
网络营销与直播电商新形态系列教材
ISBN 978-7-115-58954-5

Ⅰ. ①新… Ⅱ. ①李… Ⅲ. ①网络营销－高等学校－教材 Ⅳ. ①F713.365.2

中国版本图书馆CIP数据核字(2022)第047629号

## 内 容 提 要

本书系统地介绍了新媒体营销与运营的基础知识、新媒体运营的必备技能，以及各种新媒体营销方式。全书共 8 章，包括认识新媒体营销和运营、新媒体运营必备技能、微信营销与运营、微博营销与运营、社群营销与运营、短视频营销与运营、直播营销与运营，以及其他新媒体营销方式等内容。本书不仅注重基础知识的系统性和全面性，而且注重结合案例，帮助读者加深对新媒体营销与运营的理解，书中还设计了多个教学模块，如课堂讨论、动手练一练等，可以增强教师与学生的课堂互动，满足当前新媒体营销课程的教学需求。

本书可作为普通高校电子商务、市场营销、网络营销、网络新媒体等相关专业的教材，也可以作为新媒体、网络营销等从业人员的参考工具书，以及培训机构的培训用书。

◆ 主　　编　李东进
　　副主编　李　申　尹寿芳　吴　起
　　责任编辑　孙燕燕
　　责任印制　李　东　胡　南

◆ 人民邮电出版社出版发行　　北京市丰台区成寿寺路 11 号
　　邮编　100164　　电子邮件　315@ptpress.com.cn
　　网址　https://www.ptpress.com.cn
　　大厂回族自治县聚鑫印刷有限责任公司印刷

◆ 开本：700×1000　1/16
　　印张：12.5　　　　　　　　2022 年 7 月第 1 版
　　字数：244 千字　　　　　　2025 年 6 月河北第11次印刷

定价：49.80 元

读者服务热线：(010)81055256　印装质量热线：(010)81055316
反盗版热线：(010)81055315

# 前　言

随着移动互联网的迅速发展，微信、微博、抖音等新媒体平台在人们的生活中占据了越来越重要的地位。越来越多的企业正在进行互联网转型，开始利用线上渠道来开展营销与运营，推广自己的品牌及产品。

由于新媒体营销与运营迅猛发展的势头，社会对新媒体营销与运营人才的需求量越来越大，因此，学习新媒体营销与运营的人也就越来越多。本书根据社会对新媒体营销与运营人才的需求，对新媒体营销与运营的知识进行了系统、全面的介绍，并对当前比较流行的几种新媒体营销方式进行了详细的讲解。

本书具有如下特色。

（1）内容新颖，注重应用。本书紧跟时代潮流，涵盖新媒体营销与运营的多个方面，内容新颖，注重应用，并充分考虑相关课程的要求与教学特点，以实用为准则，在简明而准确地介绍概念和理论的基础上，重点讲解行之有效的营销策略，着重培养读者的实际运营能力。

（2）案例主导，举一反三。本书列举了大量新媒体营销与运营的精彩案例，以激发读者的学习兴趣，并引导读者进一步深入思考，使读者通过案例分析，真正达到举一反三的学习效果。

（3）内容丰富，解疑指导。本书体例灵活、内容丰富，每章除了设置学习目标和主体知识讲解模块外，还设置了"课堂讨论""动手练一练"等教学模块，针对重点难点内容设置了"专家提示"模块，帮助读者解决在学习过程中遇到的难点和疑问，也可以扩展相应的知识。各章末尾还增加了"任务实训"和"思考与练习"模块，以帮助读者巩固所学的基础知识，并有助于其学以致用。

（4）**配套资源丰富**。我们为使用本书的教师提供了教学资源，包括教学大纲、PPT 课件、电子教案、习题答案、案例素材、微课视频、模拟试卷、题库资源等，如有需要，请登录人邮教育社区（www.ryjiaoyu.com）搜索书名获取相关教学资源。

（5）**立德树人，落实素养培训**。每章设置素养课堂模块，厚植"立德树人"的理念发挥高校素养培训的价值引领作用。

本书由南开大学李东进教授担任主编，李申、尹寿芳、吴起三位老师担任副主编。尽管作者在编写本书的过程中力求完善，但由于水平有限，书中难免有疏漏之处，恳请广大读者批评指正。

# 目　录

左栏页眉竖排：新媒体营销与运营 营销方法＋运营技巧＋案例实训

目录

# 第 1 章

# 认识新媒体营销和运营

 学习目标

√ 了解新媒体和新媒体营销

√ 掌握新媒体用户画像、内容定位和创作思路

√ 掌握新媒体营销的 9 种方式

√ 掌握新媒体营销岗位的工作职责及能力要求

 学习导图

认识新媒体营销和运营
- 认识新媒体和新媒体营销
  - 新媒体与新媒体营销
  - 新媒体的分类及特征
  - 新媒体营销的数据分析
  - 新媒体大数据营销
- 新媒体用户画像、内容定位和创作思路
  - 用户画像
  - 内容定位
  - 创作思路
- 新媒体营销的9种方式
  - 口碑营销
  - 事件营销
  - 饥饿营销
  - IP营销
  - 情感营销
  - 互动营销
  - 跨界营销
  - 社群营销
  - 借势营销
- 新媒体营销岗位的工作职责及能力要求
  - 新媒体营销岗位的工作职责
  - 新媒体营销岗位的能力要求

本章将重点讲解新媒体和新媒体营销，新媒体用户画像、内容定位和创作思路，以及新媒体营销的9种方式，新媒体营销岗位的工作职责及能力要求等内容，以帮助读者快速认识新媒体营销。

# 1.1 认识新媒体和新媒体营销

## 1.1.1 新媒体与新媒体营销

### 1. 什么是新媒体

扫一扫

新媒体是相对于报纸、杂志、广播、电视四大传统媒体来说的，是一种新兴的媒体形式，主要指以数字技术为依托进行信息传播的媒介。常见的新媒体有数字杂志、数字报纸、数字广播、手机短信、移动电视、网络平台、桌面视窗、数字电视、数字电影、触摸媒体等。我们可以从以下4个维度去认识和辨别新媒体。

（1）**相对性**。新媒体是一个相对的概念。例如，门户网站和博客相对于目前的资讯客户端、微博和微信等平台来说就不够新，在目前的语境中不属于新媒体。

（2）**广义与狭义**。从广义上来说，与广播、电视等传统媒体相区分的、有数字化特点的媒体都是新媒体。网络电视、数字杂志、电子户外广告、手机媒体、IPTV等都是新媒体。

从狭义上来说，目前新媒体特指微博、微信、抖音、快手等具有媒体属性的互联网平台。

（3）**互动性**。新媒体具有互动性。用户既是受众，也是信息传播的一环。用户可以与信息进行交互，获得有针对性的信息反馈。例如，在微博平台，用户可以转发微博信息，同时发表自己的评论，当该用户的关注者看到这条微博信息时，微博信息和评论内容就成了一条新的信息。

（4）**创新性**。新媒体不但是新的发展阶段的产物，而且会跟随时代的发展持续地演变。现今，新媒体主要包括微博、微信、短视频、新闻客户端、直播、微店、社群、微网站、虚拟现实（Virtual Reality，VR）等。

### 2. 什么是新媒体营销

新媒体营销是借助新媒体平台进行的线上营销，结合了现代营销理论与互联网，具有多元性、普及性、互动性和灵活性等特点，是一种重要的营销方式。在进行新媒体营销前，营销人员应充分分析产品或内容的特点，找到其所具有的优势，选择恰当的新媒体平台开展营销工作。

例如，口红、粉底、眼影、腮红等化妆品需要向用户展示颜色、使用效果，营销人员可以选择在短视频平台或直播平台进行营销，以便用户看清产品的颜色和使用效果，并产生下单购买的冲动，图1-1所示为口红在抖音的营销。

而对于手机、空调等需要打造良好口碑和品牌影响力的产品，营销人员可以选择微博、微信等平台进行营销。图 1-2 所示为空调在微博的营销。用户在看到该广告后虽不会马上下单购买，但在以后产生购买需求时，会想起该品牌，找到该品牌产品并进行购买。

图 1-1　口红在抖音的营销　　图 1-2　空调在微博的营销

### 1.1.2　新媒体的分类及特征

#### 1. 微博

微博是基于用户社交关系的信息分享、传播及获取平台。用户可以通过微博平台发布图文、视频等信息，并实现即时分享。

**（1）分享门槛低。**用户可以通过微博平台发布图文、视频等信息，在微博平台上进行写作和分享的门槛都很低。

扫一扫

（2）**使用时间灵活**。用户通过微博平台可以充分利用碎片时间进行写作和阅读。

（3）**互动性强**。微博有关注功能，用户可以关注感兴趣的人或赋予其好友圈权限。关注感兴趣的人之后，对方在微博平台上公开发布的信息都会显示在用户的个人首页上，并随着时间自动更新。用户可以对关注的人的微博信息进行转发或评论，并有可能获得即时回复，这加强了双方的互动交流。

### 2．微信

微信提供了微信公众平台、朋友圈、消息推送等功能。用户可以通过"摇一摇""搜索号码""附近的人""扫一扫"等方式添加好友，通过搜索关注微信公众号，同时可以将看到的精彩内容分享到朋友圈。

截至 2021 年第一季度，微信已经覆盖了 90% 以上的智能手机用户，月活跃用户数量超过 11 亿人，用户覆盖 200 多个国家和地区，微信公众号总数已经超过 2000 万个，微信支付用户数则超过了 6 亿人。

### 3．短视频

短视频是指在各种新媒体平台上播放的、适合在移动状态和短时休闲状态下观看的、高频推送的视频内容，时长从几秒到几分钟不等。

2016 年 9 月，面向年轻人的音乐短视频社交软件抖音上线。用户可以在其中选择歌曲，拍摄音乐短视频，创作自己的作品。2018 年春节开始，抖音在软件下载市场的下载量超过微信、微博等软件。

除了抖音外，快手、哔哩哔哩、西瓜视频等短视频软件，也凭借全新的设计风格、多样的主题、丰富的特效，受到年轻人的喜爱。

### 4．新闻客户端

为了适应用户的移动阅读模式，新闻门户网站纷纷推出新闻客户端，如网易新闻客户端、腾讯新闻客户端、搜狐新闻客户端等。

新闻客户端的兴起适应了用户移动阅读的趋势，改变了用户通过报纸或门户网站获取新闻的方式。但是移动端界面很小，所以新闻客户端为适应这一变化做了许多创新，具体如下。

（1）实现碎片化阅读，内容排版适应移动端载体，用户可随时随地阅读相关信息。

（2）突出头条新闻，引入独家原创内容，吸引目标用户。

（3）强化个性化推送，依据用户的阅读习惯，智能推送用户喜欢阅读的文章。

（4）订阅简单，安装方便，可以自动弹出消息提示。

（5）鼓励用户转发内容，强化交流分享属性。

### 5．直播

2015 年以来，网上最热的新媒体无疑是网络直播。网络直播是指一群人在同一时间通过网络在线观看真人互动节目。用户早期是在优酷、土豆等视频网站上传个人视频，而如今的直播平台已经进入"随走、随看、随播"的移动视频直播时代。

直播最大的特点是可以让用户与现场进行实时连接，给用户带来真实、直接的体验，吸引用户观看，而其超强的互动性也拉近了用户和主播之间的距离。如果运营商请的主播非常有影响力，那么直播可以创造出具有超强影响力的话题，带动更多用户参与进来，使话题更具传播性。

### 6. 微店

微店是新兴的移动电子商务平台，它的开通成本低，用户只需利用较少的时间就可进行营销推广。它的优势在于可以发动每个用户，建立属于他们的购物社交关系，从根本上建立零售企业与用户的长期关系。微店的出现也将重新定义实体零售行业在全渠道时代的意义。图1-3 所示为微店 App 首页。

### 7. 社群

社群由有共同爱好、共同需求的一群人组成。持续的社群运营带来的商业回报是非常丰厚的。目前，社群主要有 QQ 群和微信群两种形式，社群的特点如下。

（1）依靠专业的优质内容输出形成社群，依靠专业度建立信任感。

（2）依靠社交平台沉淀社群关系，与社群成员高频互动。

（3）提供和社群成员属性高度匹配的商品和服务，实现流量变现。

图 1-3　微店 App 首页

如今，社群和社群经济已得到广泛认可，而拥有大量粉丝的自媒体账号主天然地就具有社群化的优势。因此，自媒体人应主动抓住机遇，将自媒体升级为社群媒体，增强内容生产和变现能力。

### 8. 微网站

微网站也就是我们常说的微官网、手机网站，可便捷地与微信、微博等网络互动咨询平台链接，简而言之，微网站就是适应移动客户端浏览体验与交互性要求的新一代网站。

### 9. 虚拟现实

虚拟现实（VR）技术是集计算机技术、传感器技术、人类心理学及生理学于一体的综合技术，其通过计算机仿真系统模拟外界环境，主要模拟对象有环境、技能、传感设备和感知等，为用户提供多信息、三维动态、交互式的仿真体验。

虚拟现实主要有 3 个特点：沉浸感、交互性、想象性。图 1-4 所示为 VR 设备的佩戴效果。

图 1-4　VR 设备的佩戴效果

在我国 VR 领域，较出名的当属北京暴风科技旗下子公司生产的暴风魔镜。2016 年以来，互联网企业如腾讯、小米、360 等纷纷选择布局智能硬件领域，VR 设备也成为他们关注的焦点。

 **课堂讨论**

你认为还有哪些媒体是新媒体？它们都有什么特征？请你把它们分享给小组成员。

### 1.1.3　新媒体营销的数据分析

新媒体营销的数据分析可以帮助营销人员了解企业或品牌在新媒体平台上的营销情况、预测营销计划的方向、对已制订的营销方案进行评估和完善、控制营销成本等。

扫一扫

新媒体营销的数据分析如何进行呢？手工统计和分析数据效率太低，而且很难得出有用的信息。现在基本每个热门的新媒体平台都有对应的数据分析网站。例如，抖音除了官方网站提供了数据分析的功能，还有抖查查、新抖、飞瓜数据抖音版等；哔哩哔哩也有飞瓜数据 B 站版、火烧云数据等；淘宝和天猫的数据分析网站有生意参谋、查电商工具箱、电怪兽、生 E 经等；快手有飞瓜数据快手版。

#### 1. 使用抖查查分析抖音数据

下面以抖查查为例，展示如何对目标抖音账号进行数据分析。通过网页搜索进入抖查查的首页，在搜索框中输入关键词，如"** 读书"，进行搜索，在弹出的分类列表框中，单击"更多达人"按钮，即可搜索出与关键词相关的抖音账号，图 1-5 所示为使用抖查查查询抖音账号。

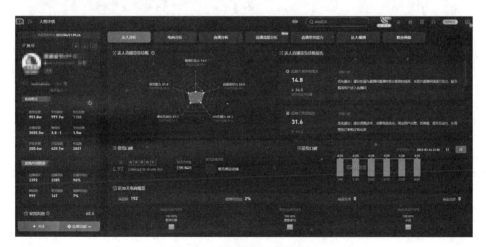

图 1-5　使用抖查查查询抖音账号

在搜索出的抖音账号列表中，找到需要监测的账号，单击打开即可对其进行数据分析。图 1-6 所示为对账号进行数据分析，读图我们可以看到，抖查查具有达人分析、电商分析、直播分析、直播流量分析、直播带货能力、达人视频、粉丝画像等营销数据分析功能。其中达人分析功能，用户可以每天免费查看 3 次，达人视频功能用户可以免费查看 30 天内的达人视频数据，如果用户想要使用更多功能或查询更多数据，则需开通会员。

图 1-6　对账号进行数据分析

开通会员后，用户可以查看粉丝画像、直播带货能力、电商分析、直播分析等的数据了。图 1-7 所示为查看账号的粉丝画像分析数据，包括粉丝性别分布、地域分布、年龄分布等数据。

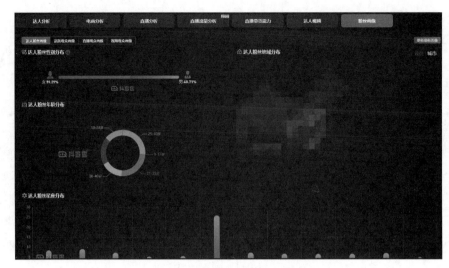

图 1-7　查看账号的粉丝画像

图 1-8 所示为查看账号的直播带货能力，包括带货资历、带货场次峰值分布、带货效果对比、受众消费能力等数据。电商分析、直播分析、直播流量分析等分析数据就不在此一一展示了。

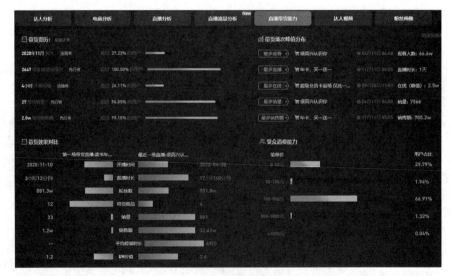

图 1-8　查看账号的直播带货能力

## 2. 使用飞瓜数据快手版分析快手数据

在浏览器搜索"飞瓜数据"，打开"飞瓜数据"官网，在官网首页，单击"快手版"按钮，进入"飞瓜数据快手版"的首页，如图 1-9 所示。单击其首页左下角的"免费使用"按钮，用户通过微信扫码登录 / 注册后即可使用。

图 1-9　飞瓜数据快手版首页

以查询"樊＊读书"快手账号为例，在左上角搜索框中输入关键字"樊＊读书"，然后点击"搜索"按钮进行搜索，弹出符合关键字"樊＊读书"的分类列表，使用飞瓜数据快手版查询快手账号如图 1-10 所示。如果列表中显示目标快手账号，用户可以直接单击该账号，即可进入该快手账号查看数据分析。如果列表中没有显示目标快手账号，用户则可以通过单击"播主"后面的【更多】按钮，显示更多播主列表，然后从中查找目标快手账号。

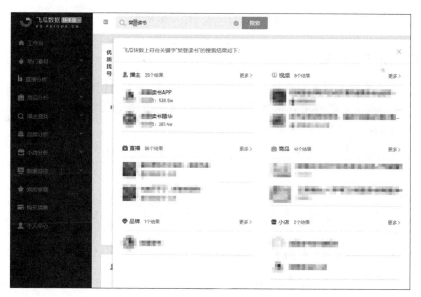

图 1-10　使用飞瓜数据快手版查询快手账号

进入账号详情后，可以查看数据概览、粉丝分析、视频数据、直播数据、推广商品等营销数据分析，图 1-11 所示为查看账号的数据分析。其中数据概览、粉丝分析、视频数据中的部分数据是免费查看的；而直播数据、推广商品的数据

是需要成为会员才能查看的。

其他新媒体营销的数据分析网站的使用方法与抖查查和飞瓜数据快手版差别不大，此处就不再一一展示了。

图1-11 查看账号的数据分析

 **动手练一练**

使用数据分析网站查询分析一个抖音账号和一个快手账号。

1. 免费领取抖查查试用版的会员，使用抖查查查询你感兴趣的一个抖音账号的粉丝画像。

2. 使用飞瓜数据快手版，查询你感兴趣的一个快手账号的视频数据。

 **课堂讨论**

你还知道哪些新媒体数据分析网站？请你把它们分享给小组成员。

### 1.1.4 新媒体大数据营销

#### 1. 新媒体大数据营销是什么

不同用户在同一时间打开淘宝、抖音等新媒体平台，内容却是"千人千面"，其实，这就是新媒体大数据营销的一种体现。新媒体大数据营销是指通过互联网采集大量的用户行为数据，也就是采集用户的喜好，帮助广告主找到目标受众，以此对广告投放的内容、时间、形式等进行预判与调配，并最终完成广告投放的营销过程。

### 2. 新媒体大数据营销的特点

**（1）多平台数据采集**。大数据的数据来源通常是多样化的，多平台数据采集能更加全面而准确地刻画用户行为。例如，对一位女性用户的购物习惯、喜好进行多平台数据采集，包括但不限于淘宝、天猫、抖音、快手、唯品会等，找到该女性用户的消费需求，就可以对其投放精准的营销广告或其感兴趣的内容。

**（2）强调时效性**。在网络时代，用户的消费行为和购买方式极易在短时间内发生变化，因此在用户需求点最高时及时进行营销非常重要。全球领先的大数据营销企业 AdTime 提出了时间营销策略，它可通过技术手段充分了解用户的需求，并及时响应每一个用户当前的需求，让他在决定购买的"黄金时间"内及时接收到商品广告。

**（3）个性化营销**。在网络时代，广告主的营销理念已从"媒体导向"转向"受众导向"。广告主以往的营销活动以媒体为导向，多选择知名度高、浏览量大的媒体进行投放。如今，广告主完全以受众为导向进行广告营销，因为大数据技术可让他们知晓目标受众身处何方，关注着什么位置的什么媒体。大数据技术可以做到当不同用户浏览同一媒体的相同界面时，广告内容有所不同，实现"千人千面"。新媒体大数据营销实现了对用户的个性化营销。

**（4）性价比高**。和传统广告盲目投放，大量的广告费被浪费相比，大数据营销可以最大限度地让广告主对广告的投放做到有的放矢，并可使广告主根据实时的效果反馈，及时对投放策略进行调整。

**（5）关联性强**。大数据营销的一个重要特点在于用户关注的广告与广告之间的关联性。由于大数据在采集过程中可快速得知目标受众关注的内容，以及可知晓用户身在何处，这些信息可让广告的投放过程产生前所未有的关联性，即用户所看到的上一条广告可与下一条广告高度相关。

### 3. 新媒体大数据营销的作用

**（1）用户行为与特征分析**。你只有积累足够多的用户数据，才能分析出用户的喜好与购买习惯，甚至做到"比用户自己更了解用户"。

**（2）精准营销信息推送支撑**。精准营销总在被提及，但是真正做到的少之又少。究其原因，主要就是过去名义上的精准营销并不怎么精准，因为其缺少用户特征数据支撑，以及未对其进行详细准确的分析。

**（3）引导产品及营销活动投用户所好**。如果你能在产品生产之前就了解潜在用户的主要特征，以及他们对产品的期待，那么你的产品一生产出来即可投其所好。

**（4）竞争对手监测与品牌传播**。竞争对手在干什么是许多企业想了解的，虽然对方不会告诉你，但你可以通过大数据监测分析得知。你可以通过大数据监测掌握竞争对手的传播态势，并可以参考行业标杆的用户策划内容。品牌传播亦可通过大数据分析找准方向。例如，你可以使用大数据技术进行传播趋势分析、内容特征分析、互动用户分析、正负情绪分类、口碑品类分析、产品属性分布分析等。

（5）**品牌危机监测及管理支持**。在新媒体时代，品牌危机使许多企业谈之色变，然而企业可使用大数据提前监测品牌危机。在品牌危机爆发过程中，企业最需要做的是跟踪品牌危机传播趋势，识别重要参与人员，以便快速应对。大数据可以采集负面内容，及时启动品牌危机跟踪和警报，按照人群社会属性进行分析，收集危机事件中的观点，识别关键人物及传播路径，进而可以保护企业、产品的声誉，抓住源头和关键节点，快速有效地处理品牌危机。

（6）**企业重点用户筛选**。在企业的用户、好友与粉丝中，哪些是最有价值的用户？人工辨别比较困难，有了大数据，就有了事实支撑。从用户访问的各种网站中可判断其最近关心的东西是否与你的企业相关；从用户在社会化媒体上发布的各类内容以及与他人互动的内容中，可以找出较多有用的信息。企业利用某种规则把这些信息关联并综合起来，就可以筛选重点用户。

 **课堂讨论**

你认为新媒体大数据营销还有哪些作用？请你把你的想法分享给大家。

# 1.2　新媒体用户画像、内容定位和创作思路

## 1.2.1　用户画像

### 1. 什么是用户画像

扫一扫

用户画像，即用户信息标签化，就是通过收集与分析用户的社会属性、生活习惯、消费行为等主要数据，抽象出用户的商业全貌，用户画像如图 1-12 所示。

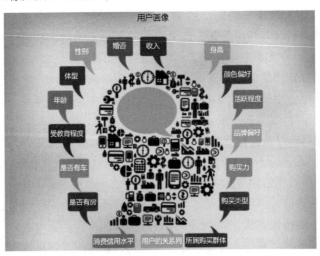

图 1-12　用户画像

### 2．用户画像的作用

用户画像在新媒体营销中的作用是让运营者在运营的过程中能够抛开个人喜好，将关注重点放在目标用户的动机和行为上，并根据用户本身的特点进行活动策划和运营。

只有当你知道自己的用户是什么样的，才知道在哪里可以找到目标用户，才知道什么样的活动、视频或者文章可以获得目标用户的喜爱。你做的事情都是目标用户喜欢的，目标用户就会点赞、转发或评论你的文章或视频，还会向周围的人推荐你。

简而言之，用户画像在新媒体营销中的作用，就是找到目标用户，投其所好，从而获得更大的粉丝流量，进而做好新媒体营销和实现新媒体变现。

### 3．用户画像的元素

用户画像的元素举例如下。

（1）**地域**。地域指用户所在的地理位置。例如，一、二线城市的居民收入较高，对于新鲜事物的接受度比较高，容易接受各种好玩的活动，但对价值很低的小优惠不容易动心；而三、四线城市的居民收入一般，对他们来说，大多数活动（哪怕是投票晒娃）都是新奇的。

（2）**性别**。例如，男性可能更喜欢冷色，女性可能更喜欢暖色；有些文案可以触及女性内心，但男性对其无感；很多女性会对美妆、明星感兴趣，而男性则对游戏、科技更着迷。

（3）**年龄**。每个年龄段的人所关心的内容是不一样的，"80后"关注职场，"90后"关注互联网，"00后"关注"二次元"。如果你不知道自己的用户到底喜欢什么，那用户同样也不会喜欢你。

（4）**兴趣**。兴趣包括摄影、新闻、影视、教育、美食、亲子、运动等。找到用户的兴趣，发布他们喜爱的文案或作品，才能获得他们的点赞、评论、转发并实现流量变现。

（5）**收入**。就像你很难说服一个月薪只有3000元的人参加一个2000元的付费社群，如果你的用户无法承受你的商品或服务的价格，那么再好的文案也不可能有用。

（6）**受教育程度**。受教育程度越高的用户一般对内容越挑剔。你要根据自己用户的受教育程度推送与之匹配的内容。

需要注意的是，并不是在绘制每个用户画像的时候，这些元素都必须包含要根据实际情况，进行灵活变通。

### 4．绘制用户画像

在大数据时代，有很多专门的新媒体数据分析网站可以帮助你绘制用户画像。图1-13所示是抖查查中某抖音账号的粉丝用户画像（部分）。

如果借助新媒体数据分析网站无法找到用户画像的某些特点，该怎么办呢？你可以从以下几个方面进行测试，从而完善用户画像。

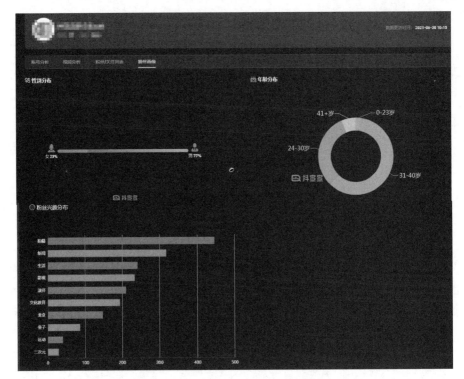

图 1-13　抖查查中某抖音账号的粉丝用户画像（部分）

（1）**找到用户**。设置适当的进群门槛，以获得较精准的用户。这部分人要么是对你非常信任，要么是非常认同你的文案，要么是对你提供的内容非常感兴趣。

（2）**观察交流**。和精准用户交流，看他们发布的信息，你就会知道你的精准用户是一群什么样的人，知道他们喜欢什么，也知道应该发布什么内容。此外，用户对文章的留言，也往往包含了他们的真实想法。

（3）**不断试错**。所谓用户画像，其实就是一个个标签的集合。例如，用户中有两个主要群体，但你不知道哪个群体的成员更多，没关系，发两期分别针对这两个群体的内容，哪个内容更受欢迎，那个群体的成员就更多。

在类似的时间段，推送风格不同的内容，通过观察阅读量的变化来推断自己的用户更喜欢哪种风格的内容，并在下一次测试中把这个量固定下来，改变其他的变量（如标题风格，配图风格，是否增加引导转发的文案等）。通过一系列的测试，你就可以摸清楚用户最喜欢的内容了。

 **课堂讨论**

你认为绘制母婴类营销的用户画像需要包含哪些要素？请你将自己的想法分享给大家。

**动手练一练**

设想自己经营一个自媒体账号，你会运营哪一个领域的自媒体账号呢？

1. 写出自己擅长、感兴趣的领域，找出哪些领域可以进行自媒体账号运营。
2. 通过前面所学，绘制你要运营的这个自媒体账号的用户画像。

### 5. 如何通过用户画像指导新媒体运营

每一类用户都有自己的喜好，当你面对的是同一类用户的时候，他们的喜好是大致相同的。当你的内容被他们喜欢的时候，他们可能会分享、传播你的内容，吸引更多相同属性的用户来关注你。

很多自媒体账号都是靠内容来明确自己的定位，并且精准吸引粉丝的。某美妆类微信公众号如图 1-14 所示。这个微信公众号在一开始定位并不明确，但通过一段时间的运营，它发现自己的内容吸引的多是追求精致生活的年轻女性。于是，在保持自己风格不变的基础上，它开始发布一些美妆信息，或者发布精致生活类推文，这些内容受到了粉丝的热烈追捧，该微信公众号也因此找到了自己的商业模式。

图 1-14　某美妆类微信公众号

## 1.2.2　内容定位

新媒体运营者应从自己的实际情况出发，了解自己喜欢什么，擅长什么，从而确定自身的内容定位。

能够吸引人的内容要么有用，要么有趣，只有这样的新媒体内容才能吸引大批粉丝。

扫一扫

（1）**有用**。有用很好理解，就是能够增加用户某方面的知识储备。某知识类抖音账号如图 1-15 所示，运营者是北大法律硕士、"超级演说家"第二季冠军，她的抖音账号内容定位是分享学习方法、干货，以及一些优秀的书籍，相关内容很受家长、学生及职场人士的喜爱。

（2）**有趣**。有趣包括但不限于这 5 个方面：笑点、泪点、吐槽点、新奇点、美点。

笑点，用户看了会哈哈大笑；泪点，用户看了会感动得流泪；吐槽点，用户看了会发现不和谐之处，如在很感人的地方出现了尴尬的事情，用户看了会与运营者互动，甚至评论和转发；新奇点，如猫会说话了，狗会游泳了；美点，如祖国的大好河山等。这 5 个有趣点更易引发点赞、评论、转发。

但这 5 个有趣点并不需要同时出现，一则新媒体内容，有 1 ～ 3 个有趣点，就有可能成为"爆款"；相反，若这 5 个有趣点都具备，用户就会看得眼花缭乱，无法找到重点。

某搞笑类抖音账号如图 1-16 所示，其短视频的内容定位是他在美国的生活日常，其短视频内容具有笑点、吐槽点和新奇点，广受粉丝欢迎。

图 1-15　某知识类抖音账号　　图 1-16　某搞笑类抖音账号

确定内容定位后，你需要坚持更新，可能一开始粉丝增长缓慢，但你要长时间坚持更新，才有可能获得成功。一旦确定了内容的方向你就要坚持，如果频繁改变自己的内容定位，你就会丢失最原始的那批忠实粉丝，也会失去内容创作的方向。

 **课堂讨论**

你认为内容定位还有哪些重要的内容？请你将自己的想法分享给大家。

 **动手练一练**

分析一个自己喜欢的新媒体账号，它的内容定位是怎样的？是有趣，还是有用？如果是有趣，那它有笑点、泪点、吐槽点、新奇点、美点里面的哪几项？

### 1.2.3 创作思路

创作思路指的是新媒体创作的人设、风格、记忆点、目标、创意、执行力等。确定内容定位后，新媒体运营者需要在新媒体创作中确定好创作思路，下面分别进行介绍。

扫一扫

（1）**人设**。人设就是这个账号出镜人的人物设定或者这篇文章的创作者在用户心中的形象。

怎么确定人设？最好先找出创作者本身招人喜欢的点，然后放大这个点；他适合什么样的风格，需要在内容输出的过程中，进行提炼、增加或打磨，一旦确定人设就要反复强调。例如，某美食类抖音账号，出镜人每到短视频结尾都会俏皮地说一句"记得，按时吃饭"，这能起到强化人设的作用，某美食类抖音账号页面如图 1-17 所示。

（2）**风格**。风格也是内容定位的一部分，那么怎么找到自己的风格呢？前期可以多看多学，寻找适合自己的内容，慢慢地找到属于自己的风格雏形，在此基础上，不断地迭代和更新，直到完全确定自己的风格。

风格最好和其他人不一样，成为你的特色，这样就容易打造"爆款"。例如，某搞笑类抖音账号，它的风格和其他搞笑类视频不一样，角色完全素颜出镜，而且视频中明明是两个人对话，却只出镜一个人，引起用户的好奇，非常吸粉，某搞笑类抖音账号页面如图 1-18 所示。

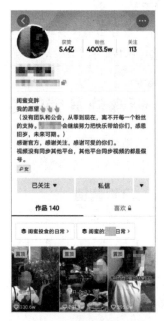

图 1-17　某美食类抖音账号页面　　图 1-18　某搞笑类抖音账号页面

（3）**记忆点**。记忆点对于短视频来说尤其重要，一副眼镜、一顶帽子、一个动作等都可以成为记忆点，当然这些东西需要紧紧抓住用户的眼球，给他们异乎寻常的感受。记忆点一定要经常出现在你的内容之中，以反复强化用户的记忆。一个成功的记忆点可以使用户在看到其他类似内容的时候想到你。

（4）**目标**。你需要知道自己的目标是什么，是传播还是记录。目标很重要，但不必过大，如每周更新几次，完成之后，不断地更新自己的目标。这样，你可以很清晰地看到自己的进步，是带给观众美好的向往，还是讲解特殊的技能、传递快乐或者分享感悟。

（5）**创意**。想要长期吸引用户，内容是必须要有一定创意的，并且要保持创意输出不断更新，这个是需要积累，多看多学多思考的。如果你每天需要输出2个创意，那至少应该输入5个创意，保证输入大于输出，创意之源才不会枯竭，才能形成完整的创意库，进而可以从中不断地提取、优化，实现再次创造。

（6）**执行力**。只有具有很强的执行力，你才能够加快创作速度，追上热点；才能把你偶然迸发的灵感变成现实；你才能保持高频且稳定的更新，保持内容质量的不断提高。

 **课堂讨论**

你还知道哪些重要的创作思路？请你将自己的想法分享给大家。

 **动手练一练**

分析一个自己感兴趣的抖音账号或快手账号，它的创作思路是怎样的？（从人设、风格、记忆点、目标、创意、执行力6个方面来分析。）

# 1.3 新媒体营销的9种方式

新媒体营销常见的9种方式如下：口碑营销、事件营销、饥饿营销、IP营销、情感营销、互动营销、跨界营销、社群营销、借势营销。下面分别进行介绍。

## 1.3.1 口碑营销

口碑营销是指企业努力使自己的产品信息、品牌信息通过消费者与其亲朋好友的交流传播开来。

与传统广告相比，口碑营销实现了"关注品牌、产生兴趣、主动搜索，产生购买、分享影响他人，影响他人关注品牌"这样一个闭环营销过程。口碑营销的成功基础有鼓动核心人群、简单而有价值、品牌故事与文化、关注细节和关注消费者5个方面。下面以某披萨店的口碑营销为例进行分析。

某披萨店在它的官方网站推出了一个在线营销方案"It's Your Day"，该比萨店每天都会在官方网站上喊出一个"名字"，如5月16日是"Ross"，它会邀请5位叫这个名字的幸运用户，在当天晚上8点到10点，来它的厨房免费制作比萨，再拍一张照片发布到它的官方网站上。

名字怎么选？该比萨店会请每个来参加过活动的用户提供名字并投票，它会参考投票结果来决定下一周的幸运名字。这样一来，这个人群就会越来越大，新的用户会不断产生。这样的口碑营销方式在不知不觉中增加了品牌的知名度和影响力。

 **课堂讨论**

你还知道哪些有名的口碑营销案例？其营销过程是怎样的，最后起到了什么样的营销效果？请你把它们分享给大家。

### 1.3.2 事件营销

事件营销是指企业通过策划、组织和利用具有名人效应、新闻价值及社会影响的人物或事件，引起媒体、社会团体和消费者的兴趣与关注，以提高企业或产品的知名度、美誉度，树立良好的品牌形象，并最终促成产品或服务的销售的手段和方式。事件营销的成功基础主要有相关性、心理需求、大流量和趣味性。下面以"求婚熊猫事件"为例进行分析。"求婚熊猫事件"现场如图1-19所示。

扫一扫

图1-19 "求婚熊猫事件"现场

2017年"五一"小长假的最后一天，一只"求婚"的熊猫瞬间走红。"一生只爱你一熊，做我老婆好咩？"这霸气而浪漫的告白不仅引来了众人围观，更引起了网络疯传。

事实上，大家都心知肚明，这是一次毋庸置疑的商业行为，一场非典型的事件营销，但这并不妨碍人们参与该钻戒品牌的营销活动。该钻戒品牌的事件营销借助了人们对新闻的兴趣和好奇心理，使该钻戒品牌成为大众关注的焦点，从而对该钻戒品牌进行了有力宣传。

 **课堂讨论**

你还知道哪些有名的事件营销案例？其营销过程是怎样的，最后起到了什么样的营销效果？请你把它们分享给大家。

### 1.3.3 饥饿营销

饥饿营销是指商品提供者有意调低产量，制造供不应求的假象，以达到维持商品较高的利润率和品牌附加值的目的。强势的品牌、优质的商品和出色的营销手段是饥饿营销的基础。

扫一扫

饥饿营销是把双刃剑，使用恰当可以使强势品牌产生更大的附加值，使用不恰当将会损害品牌价值，从而降低其附加值。饥饿营销的成功基础主要有心理共鸣、量力而行、宣传造势和审时度势 4 个方面。下面以某咖啡连锁品牌猫爪杯的饥饿营销为例进行分析。

2019 年年初，某咖啡连锁品牌推出了猫爪杯，如图 1-20 所示。在猫爪杯上市前，该咖啡连锁品牌已经在微博、小红书、微信、抖音等平台上进行了猫爪杯的预热，勾起了消费者的购买欲望。

首先，这批猫爪杯是中国限定版，只在中国发售，这提升了产品的独特性；其次，第一批猫爪杯在每个线下门店限量售卖（总数是几千个），这增加了抢购成本；最后，限量发售但是不限量购买，先到先得，导致用户产生了焦虑感。

图 1-20 某咖啡连锁品牌猫爪杯

这样的"极致限定"激发了消费者的购买热情，不断推高了猫爪杯的稀有度与关注度。高关注度的预热和极致的限定，便是该咖啡连锁品牌的"饥饿玩法"。

 **课堂讨论**

你还知道哪些有名的饥饿营销案例？其营销过程是怎样的，最后起到了什么样的营销效果？请你把它们分享给大家。

### 1.3.4　IP 营销

IP 营销的本质是在品牌与消费者之间建立沟通桥梁，赋予产品温度和人情味，这一沟通桥梁大大降低了消费者与品牌之间和消费者与消费者之间的沟通门槛。

IP 营销的成功基础有人格化的内容、原创性和持续性 3 个方面。下面以某护肤品微信公众号的 IP 营销为例进行分析。

2020 年，某护肤品牌在拿到"＊姐"授权后，在微信公众号主打"＊＊ 的姐姐同款"产品，引导微信用户关注，图 1-21 所示为某护肤品微信公众号。该微信公众号引导其粉丝添加美容顾问的个人微信号，进行免费的皮肤咨询。每个美容顾问都以姐妹、闺蜜自居，用个性化的咨询，获得用户信任，引导用户下单，同时在微信朋友圈发布该品牌产品的介绍，对该护肤品牌进行宣传，图 1-22 所示为某美容顾问朋友圈。

这就是 IP 营销，先用"＊＊ 的姐姐"这个火爆的大 IP 留住用户，然后用大量的运营活动唤醒用户、引导用户，最终促使用户实现长期的、多次的产品消费。

图 1-21　某护肤品微信公众号　　图 1-22　某美容顾问朋友圈

 **课堂讨论**

你还知道哪些有名的 IP 营销案例？其营销过程是怎样的，最后起到了什么样的营销效果？请你把它们分享给大家。

### 1.3.5　情感营销

在情感消费时代，很多时候消费者购买商品所看重的是一种感情上的满足，一种心理上的认同。情感营销从消费者的情感需要出发，唤起和激起消费者的情感需求，从而引发消费者心灵上的共鸣，寓情感于营销之中。

情感营销的成功基础有产品命名、形象设计、情感宣传、情感价格和情感氛围 5 个方面。下面以某零食品牌借助高考进行情感营销为例进行分析。

2021 年 4 月，某零食品牌微博账号在微博发布了一条短视频，以"横扫饥饿，不做备考饿货"为主题，重现考生做题时太饿了，没力气思考的情景，再以"一饿就昏头，饿货，来条 \*\*"解决饥饿问题，以"横扫饥饿，备考真来劲"作为结尾。该短视频中出现了备考时常见的标语、重要知识点等，某零食品牌的广告视频如图 1-23 所示，该广告视频使消费者产生共鸣，起到了很好的营销作用。

图 1-23　某零食品牌的广告视频

 **课堂讨论**

你还知道哪些有名的情感营销案例？其营销过程是怎样的，最后起到了什么样的营销效果？请你把它们分享给大家。

### 1.3.6　互动营销

扫一扫

互动营销是指企业在营销过程中充分参考消费者的意见和建议，并将其用于产品或服务的规划和设计，为企业的市场运作服务。通过互动营销，企业让消费者参与到产品及品牌的营销活动中，拉近了消费者与企业之间的距离，让消费者在不知不觉中接受了来自企业的宣传。下面以营销 H5 为例进行分析。

作为近年来的营销宠儿，H5 具有交互性好、易于传播、感官体验丰富、利于追踪效果等优势，很多品牌已逐渐将其视为营销推广的"大招"。

H5 是一种可交互的网页，直接用手机点开就能在线浏览，方便快捷、不用下载、不占内存。图 1-24 所示是使用意派 Epub360 制作的一款"双 11"营销 H5。

图 1-24　使用意派 Epub360 制作的一款"双 11"营销 H5

 **课堂讨论**

你还知道哪些有名的互动营销案例？其营销过程是怎样的，最后起到了什么样的营销效果？请你把它们分享给大家。

### 1.3.7　跨界营销

跨界营销是指企业根据不同行业、不同产品、不同偏好的消费者之间所拥有的共性和联系，把一些原本毫不相干的元素进行融合，使其互相渗透，进行品牌影响力的互相覆盖，并赢得目标消费者的好感。跨界营销的成功基础有跨界伙伴、契合点和系统化推广 3 个方面。下面以"某彩妆品牌 × 李 **：'小狗盘'助力动物保护公益。"为例进行分析。

2020 年 2 月，某彩妆品牌的探险家十二色眼影萌宠系列全新上线。这次推出的是"猫咪盘"和"小狗盘"，其中"小狗盘"的封面设计正是来源于李 ** 的"网红"小狗 N**，图 1-25 所示为某彩妆品牌十二色眼影"小狗盘"。该产品在李 ** 直播间首发当天，15 万盘眼影被抢购一空。

图 1-25　某彩妆品牌十二色眼影"小狗盘"

更有意义的是，该彩妆品牌请该"网红"小狗做模特的费用会捐给北京爱它动物保护公益基金会。此外，活动期间该彩妆品牌天猫旗舰店及李 ** 直播间每卖出一盘"小狗盘"，该彩妆品牌就将捐赠 1 元给北京爱它动物保护公益基金会，用于动物保护相关公益项目。

该彩妆品牌和李 ** 的"网红"小狗本是毫不相关的两个个体，这两个元素融合、渗透后，影响力互相覆盖，赢得了美妆用户的好感，实现了一次非常完美的跨界营销。

 **课堂讨论**

你还知道哪些有名的跨界营销案例？其营销过程是怎样的，最后起到了什么样的营销效果？请你把它们分享给大家。

### 1.3.8　社群营销

社群营销是指运营者把一群具有共同爱好的人汇聚在一起，通过有效的管理使社群成员保持较高的活跃度；通过长时间的社群运营实现社群变现。

社群营销的成功基础有同好、结构、输出、运营、复制 5 个方面。下面以某宝妈通过社群销售有机小米为例来进行分析。

某新媒体母婴电商公司的运营者是一位宝妈，之前卖货基本上靠微信公众号推文、朋友圈种草定期开团，但随着微信公众号的打开率越来越低，产品销量也逐渐下降。该公司销售的产品主要是厨房用具，属于低频次、使用周期长、天然复购率低的产品。目前，该公司存在 3 个关键性问题：流量增长缓慢、难成交、复购少。这些问题归根结底还是产品问题，仅仅依靠微信公众号卖厨具做不长久。

因此，为了增加复购，延长客户生命周期，留住用户，经过多次讨论研究，该公司决定扩充食材线。该公司初次选品为有机小米，通过朋友圈预热、拉人进群集中卖货、批量成交；通过发红包、该宝妈直播教大家做小米美食、抽奖送一年小米粮票等诱人的福利，让有机小米变成了一款"爆品"，图 1-26 所示为某宝妈使用微信销售有机小米。最终，通过两天时间，该公司总共卖出有机小米 13588 单，销售额超过 93 万元。

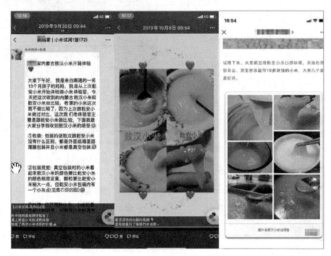

图 1-26　某宝妈使用微信销售有机小米

 **课堂讨论**

你还知道哪些有名的社群营销案例？其营销过程是怎样的，最后起到了什么样的营销效果？请你把它们分享给大家。

### 1.3.9　借势营销

借势营销是借助一个消费者喜闻乐见的环境，将包含营销目的的活动隐藏其中，使消费者在这个环境中了解产品并接受产品的营销手段。其具体表现为借助消费者关注的社会热点、娱乐新闻、媒体事件等，把营销信息植入其中，以达到影响消费者的目的。借势营销的成功基础有合适的热点、反应速度和创意策划 3 个方面。下面以借势节日的营销为例进行分析。

扫一扫

借势节日的营销是较为常见的借势营销，因为节日期间用户拥有更多时间与精力浏览新媒体平台的内容，所以借势节日的营销可以达到更好的营销效果。一般而言，借势节目的营销常用的节日包括本土节日，如元旦、春节、元宵节、端午节、中秋节和国庆节等，以及由电商行业发展形成的"618年中购物节""双11购物狂欢节""双12购物节"等，这些借助节日的营销都取得了非常好的营销效果。

# 1.4 新媒体营销岗位的工作职责及能力要求

### 1.4.1 新媒体营销岗位的工作职责

**1. 搜集资料**

关注网络热点，搜集相关资料，整合搜集到的资料，挑选其中的可用信息，完成专题的策划、编辑、制作等工作。搜集用户、媒体等在新媒体平台上的使用习惯，为之后制定营销策略做准备。

扫一扫

**2. 制订方案**

根据产品或品牌特征，结合整理好的可用资料，制定企业的新媒体营销策略，为线上、线下活动制订方案，为产品的推广和优化制订方案。

**3. 日常运营**

负责新媒体平台的日常更新、渠道维护，为企业的新媒体平台账号引流。撰写推广文案，为新媒体平台账号积累粉丝。

**4. 协助其他部门**

协助市场部门制订企业推广计划和发展蓝图，以及开展市场活动；协助技术部门对企业网站进行修改、更新以及后台维护等。

对于希望从事新媒体营销工作的读者来说，收集该行业中有关新媒体营销岗位的招聘信息，分析其岗位要求，有针对性地学习和练习相关技能，可以为应聘新媒体营销岗位做好准备。

### 1.4.2 新媒体营销岗位的能力要求

随着新媒体营销成为营销市场的主流，企业对新媒体营销人才的需求逐渐增加，同时应聘新媒体营销岗位的人数也在逐渐上涨。要想在众多应聘人员中获得企业的青睐，成功入职，应聘人员需要具备以下技能。

**1. 策划技能**

新媒体营销中的策划可以分为营销内容策划和营销活动策划。

（1）**营销内容策划**。营销内容策划是指对新媒体营销内容的策划，包括确定市场定位和用户倾向、生成关键词创意、评估关键词优先级等步骤，是新媒体营销的基本手段，决定了营销活动的成败，是进入新媒体行业必备的技能。但需要注意的是，在进行营销内容策划时，营销人员必须结合企业理念和产品特征，而不能使内容浮于表面，否则无法让用户联想到产品或品牌。

（2）**营销活动策划**。营销活动策划是指对新媒体营销活动的策划，包括从确定产品定位、绘制用户画像到活动复盘等一系列工作。营销人员需要具有较强的综合实力，特别是对用户的观察和理解能力。一般而言，营销活动策划分为线上和线下两种，均需要有具体的活动策划方案，均需要对活动创意来源、开展方式、活动时间以及活动细节等各方面内容进行阐述。

**2. 营销技能**

营销技能是进行新媒体营销必不可少的一项技能。在新媒体营销过程中，新媒体内容本身就是产品。营销人员必须理解产品，熟悉其历史、功能、使用场景、使用效果等，针对营销对象，即平台粉丝和潜在用户的属性，制定营销策略，打造适合的营销方案。

**3. 文案写作技能**

文案写作技能是营销人员需具备的基础技能。要想写出好的文案，营销人员必须具备较强的逻辑能力和语言风格切换能力，并掌握一定的文案写作技巧。

（1）**逻辑能力**。好的宣传文案拥有严谨的逻辑，内容环环相扣，能吸引用户读完整篇文案。

（2）**语言风格切换能力**。不同目标用户群体适用的语言风格是不同的，当目标用户群体发生变化时，文案的语言风格也需要进行转变。

（3）**文案写作技巧**。营销人员需要掌握一定的文案写作技巧，以便写出能在第一时间吸引用户的注意，并牢牢抓住用户的眼球的文案，使用户对产品或品牌产生好感，树立企业良好的品牌形象。

**4. 数据分析技能**

营销人员要会使用数据分析网站进行前期数据调研、过程数据分析、事后数据分析，用数据分析为新媒体平台账号的运营提供及时的支持，并且在营销过程中根据数据分析的结果，不断调整新媒体账号的内容，使其更受用户欢迎。

### 5. 其他技能

除策划技能、营销技能、文案写作技能和数据分析技能外，根据具体的工作内容，营销人员还需要具备设计技能、音/视频剪辑技能。

（1）**设计技能**。设计技能是指营销人员能对文案排版和图片进行设计。

（2）**音/视频剪辑技能**。音/视频剪辑技能是指营销人员可以从已有的音频、视频中剪辑出营销活动所需的部分，以及为已剪辑好的视频添加背景音乐等。

 **课堂讨论**

查阅相关资料并思考新媒体营销岗位的能力要求还有哪些，你把它们分享给小组成员。

# 任务实训

## 实训1　使用新抖查看3个美妆类大号，总结美妆类粉丝用户画像

🎓 **实训目标**

绘制美妆类粉丝用户画像。

🎓 **实训内容**

借助新抖绘制美妆类粉丝用户画像。

🎓 **实训要求**

登录新抖，领取3天免费VIP，使用新抖查看3个美妆类大号，绘制美妆类粉丝用户画像。

🎓 **实训步骤**

（1）登录新抖，领取3天免费VIP。

（2）查看3个美妆类大号的粉丝画像，找到这3个美妆类大号的粉丝画像的共同点。

（3）总结出美妆类粉丝用户画像。

## 实训2　查看3个美食类大号，总结美食类粉丝用户画像

🎓 **实训目标**

绘制美食类粉丝用户画像。

🎓 **实训内容**

借助数据分析网站在各新媒体平台查看美食类大号的粉丝用户画像，找出其用户画像的共性。

🎓 **实训要求**

在抖音、快手、哔哩哔哩分别查看 1 个美食类大号，分析其粉丝用户画像，找出其用户画像的共性。

🎓 **实训步骤**

（1）用本章介绍的数据分析网站分别在抖音、快手、哔哩哔哩查看 1 个美食类大号。

（2）总结出美食类粉丝用户画像的共性。

## 📍 思考与练习 ••••

### 一、判断题

1．对于手机、空调等产品，营销人员可以选择微博、微信等平台进行营销。（　　　）

2．口红、粉底、眼影、腮红等化妆品需要向用户展示颜色、使用效果，营销人员可以选择在短视频平台或直播平台进行营销。（　　　）

3．微店的开通成本高，用户需要利用较多的时间进行营销推广。（　　　）

4．新媒体营销常见的 9 种方式如下：口碑营销、事件营销、饥饿营销、IP 营销、情感营销、互动营销、跨界营销、社群营销、借势营销。（　　　）

5．情感营销是指企业在营销过程中充分参考消费者的意见和建议，并将其用于产品或服务的规划和设计，为企业的市场运作服务。（　　　）

### 二、单项选择题

1．新媒体平台不包括（　　　）。

    A．微信　　　　B．微博　　　　C．博客　　　　D．快手

2．可对抖音账号进行数据分析的网站不包括（　　　）。

    A．新抖　　　　　　　　　　B．抖查查

    C．飞瓜数据抖音版　　　　　D．生意参谋

3．新媒体大数据营销的特点不包括（　　　）。

    A．多平台数据采集　　　　　B．强调时效性

    C．个性化营销　　　　　　　D．性价比低

4．新媒体大数据营销的作用不包括（　　　）。

    A．用户行为与特征分析

    B．精准营销信息推送支撑

    C．引导产品及营销活动投用户所好

    D．售后服务

5．用户画像的元素不包括（　　　）。

    A．性别　　　　B．年龄　　　　C．兴趣　　　　D．身高

### 三、简答题

1．新媒体如何进行内容定位？

2．新媒体的创作思路是怎样的？

3．什么是口碑营销？

4．新媒体营销岗位的工作职责有哪些？

5．新媒体营销岗位的能力要求有哪些？

## 第 2 章
# 新媒体运营必备技能

 **学习目标**

- √ 掌握新媒体文案的写作技能
- √ 掌握新媒体图片的处理技能
- √ 掌握新媒体图文排版的技能
- √ 掌握新媒体短视频制作的技能

 **学习导图**

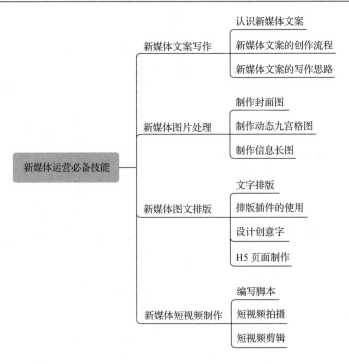

　　新媒体运营的对象主要包括文案、图片、短视频等，本章将重点讲解新媒体文案的写作技能、新媒体图片的处理技能、新媒体图文排版的技能及新媒体短视频制作的技能等内容，以帮助读者快速掌握新媒体运营的必备技能。

# 2.1 新媒体文案写作

## 2.1.1 认识新媒体文案

扫一扫

新媒体文案是从传统媒体文案发展而来的，但与传统媒体文案有所区别，是以现有的新兴媒体，如社交平台等为传播平台，进行更富有创意的文案内容输出，以帮助商家实现营销目标的文案。下面具体介绍新媒体文案。

### 1. 新媒体文案的特点

新媒体文案因借助社交平台等进行传播，需要进行更富有创意、更抓人眼球的文案内容输出，以帮助商家实现运营和销售的目的。它具有以下几个显著特点，图 2-1 所示为新媒体文案的特点。

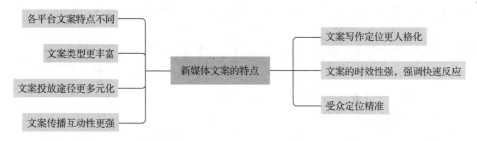

图 2-1　新媒体文案的特点

### 2. 常见的新媒体文案的类型

**（1）按照宣传目的分类，新媒体文案可分为传播文案和促销文案**

传播文案是为了提升企业或品牌影响力的文案。例如，创始人创业经历、品牌故事等虽不能马上转化为产品销售额，但对提升企业品牌形象能起到重要的作用。

促销文案是用于提高产品或服务销售额的文案。例如，"618"促销文案、"双11"促销文案等可以在活动期间有效提高销售额。

**（2）按照篇幅分类，新媒体文案可分为长文案和短文案**

长文案一般为 1000 字以上的文章，短文案一般为不超过 1000 字的文章。

长文案多为微信公众号的推广软文、电商产品详情页，有助于用户通过详细阅读产生信任，从而做出购买行为。

短文案多发布于微信朋友圈、抖音或微博，更强调与用户进行交流互动，建立信任，从而挖掘用户潜在的消费需求。

**（3）按照广告植入方式分类，新媒体文案可分为软广告文案和硬广告文案**

软广告文案具有隐蔽性，不会直接介绍产品或服务，而是会在故事情节中植入广告，用户在开始时难以察觉这是广告，会在不知不觉中被带入广告情境。例如，我们在观看短视频时，视频中出现了某品牌的产品，该产品的外观或性能比较好，吸引了用户的眼球，从而使用户产生查找并购买该产品的欲望。

硬广告文案则相反，比较直白，会将产品或服务的介绍内容直接发布在对应的媒体上，如优酷视频、公交车车身、大厦外墙上等。

### 2.1.2　新媒体文案的创作流程

新媒体文案相比传统媒体文案，对新媒体文案创作者的要求更高，其创作的文案需要更具创意和更吸睛。新媒体文案创作者只有先了解新媒体文案的创作流程，才能创作出更符合用户需求的文案，带来持续的收益转化。新媒体文案的创作流程如下。

#### 1. 了解用户需求

新媒体文案创作者在创作文案之前，需要详细了解用户的需求。除此之外，新媒体文案创作者也需要对用户需求进行引导。这个引导分为两个方面，一方面是新媒体文案创作的可实现性，另一方面是新媒体文案创作的成本控制。

#### 2. 搜集信息资源

了解用户需求后，新媒体文案创作者需要搜集相关的信息资源，如创作一篇产品的推广文案，就需要搜集关于产品和产品所在公司的一系列信息。搜集信息资源主要有用户提供信息、使用搜索引擎和使用社交网站3个途径。

#### 3. 撰写初稿

掌握了信息资源后，新媒体文案创作者就可以撰写初稿了。初稿应满足以下几个特点：准确规范、简明扼要、富有创意、文笔优美。

#### 4. 分发测试

初稿写完后，即便得到领导和用户的一致认可，也不要立马进行大规模投放，而应该先进行小范围的测试，收集反馈意见，修改完善后再大规模投放到正式渠道，这样才能保证文案的最终投放效果。

如果文案在某个分发渠道的测试环节表现得不错，那么文案就可以安排在类似的分发渠道进行大规模投放。对于测试效果不好的渠道，需要有针对性地修改文案，再进行测试。

分发测试时，需要注意的事项有两个：一是评估文案投放效果时，需要以具体的数据作为支持；二是测试范围要广，要尽可能多地选择不同的平台和群体进行测试。

#### 5. 文案定稿

分发测试完成并根据分析结果对文案进行修改和完善后，敲定文案的最终版本，新媒体文案创作才算真正完成了。

在新媒体文案投放过程中，新媒体文案创作者也可以对上一次投放结果进行分析，从而不断优化文案细节，让文案质量不断提高，再进行下一轮大规模投放。

经过以上5个具体步骤完成的新媒体文案，即使不能一鸣惊人，也至少是一篇比较合格的新媒体文案。

### 2.1.3　新媒体文案的写作思路

**1. 重视文案标题**

标题是用户最先见到的内容，也是文案吸引用户的重要内容。

当用户搜索相关信息时，搜索出来的是符合他们搜索需求的一系列文案，这时，文案标题就开始发挥作用了，它可以激发用户点击文案的欲望。所以，新媒体文案创作者需要详细了解和分析用户关于某产品或服务的搜索关键词，并将搜索次数最多且有效的几个关键词添加到标题中，这样该文案标题就更容易被用户搜索到。

常见的有吸引力的标题写法如表 2-1 所示。

表 2-1　常见的有吸引力的标题写法

| 标题类型 | 对应案例 |
| --- | --- |
| 亮点前置，加悬念 | 贫民窟百万富翁，他内心住了个"小公举"？ |
| 亮点前置，加犀利观点 | 从农村走出来的"肌肉男"，谁说有钱才能健身？ |
| 设问，加悬念 | 全宇宙最大的肉夹馍？ |
| 犀利观点，引发共鸣 | 为了孩子将就的婚姻，会毁了一家人 |
| 挑战认知，激发讨论 | 吉他换汽车？你们说换不换？ |
| 颠覆认知，形成反差 | 高三老师：这节课暂停，大家出去看看晚霞 |

**2. 重视开头**

好的新媒体文案开头是什么样的呢？它大致分为两种，一种是开门见山地说明用户最关心的问题；另一种是巧设悬念，瞬间勾起用户的好奇心。

（1）**开门见山**。开门见山是指新媒体文案直截了当地切入正题。例如，某彩妆推荐文案是这样写的："大家好，夏天到了，彩妆产品又得换一套够持久的！最近我看某音都在夸某品牌的持妆粉底液，可以做到一天不沾衣领。"这种写法直接爽快，不拖泥带水，颇受用户的欢迎。开门见山的写法能够让用户快速了解文案主题。

（2）**巧设悬念**。巧设悬念有两种，一种是倒叙冲突，另一种是打破常规。戏剧史研究者布罗凯特说："一个剧本要激起并保持观众的兴趣，造成悬疑的氛围，要依赖冲突。"

倒叙冲突是指从故事高潮开场，展示故事里最大的冲突或矛盾，给用户以强烈的冲击，引发用户想了解整个故事的冲动，然后从头介绍故事的起因、经过、发展、结尾等。

打破常规是指文案内容要出人意料。例如，有一篇文案的开头是这样写的："如果给你 100 万元让你重读高三，你愿意吗？"这引发了用户迫切阅读文案内容的冲动。

### 3. 多使用"金句"

**（1）使用对比，明贬暗褒。**以假意的贬低来褒扬产品的特点。

案例：王致和腐乳的广告语"遗臭万年，流传百世"。

仿写：对不起，是我们无能，做甜品可以，做宣传不行。

**（2）相反、相似或递进的句式。**相反、相似或递进的句式，出人意料、富有创意，能紧紧抓住用户的眼球。其使用方法及举例有以下三种。

① 前后关键词递进、相反。

案例：999感冒灵广告片《云聚会》文案"通信录越拥挤，心里越空虚。"

仿写：我们的距离，近的时候，眼里有你；远的时候，心里有你。

② 变换相互关系，关键词保持不变。

案例：让孩子去爱，是给孩子最好的爱。

仿写：付出不一定有回报，但想有回报就一定要付出。

③ 使用"再……，也……"句式。

案例：华裔建筑大师贝聿铭"我和我的建筑都像竹子，再大的风雨，也只是弯弯腰而已。"

仿写：只要功夫深，再粗的铁棒，也能磨成针。

**（3）拟人法。**将关键词拟人化，让文案更生动形象。

案例：长城葡萄酒的经典文案"三毫米的旅程，一颗好葡萄要走十年"，将葡萄拟人化。

仿写：每一块服软的肉，都爱过一个懂火候的灶。

**（4）否定法。**用不能、不需、不必、不要、不是、不用、不欠等进行反向强调。

案例：屈臣氏《这一次，为自己而美》文案"你不欠任何人美貌，不欠你的伴侣，不欠你的同事，尤其不欠街上偶尔路过的男人。"

仿写：你不要烦恼，不要委屈，不要擅自做决定，也不要轻易下定论，不要总是活在过去，也不要总空想未来。

 **课堂讨论**

你还知道其他写优质标题、开头及金句的方法吗？请把它们分享给大家。

 **动手练一练**

以某美妆品牌作为宣传目标，为其编写一篇有创意的新媒体文案，要求50～100字。

1. 从写有吸引力标题的6种方法中，选择一种，写一个有吸引力的标题。

2. 以开门见山或巧设悬念的方法，编写一个新媒体文案开头。

3. 编写内容时，从金句的4种写法中，任选两种，创作两个金句。

# 2.2  新媒体图片处理

在创作新媒体文案的过程中，对图片的处理也是一项重要工作。好的图片对于一篇新媒体文案来说是至关重要的，能够对用户产生巨大的吸引力。下面介绍如何制作封面图、动态九宫格图和信息长图。

### 2.2.1  制作封面图

创客贴是一款使用非常方便的在线平面设计工具，用户无需下载客户端，只要计算机处于联网状态，进入创客贴网站即可使用，通过选择模板、修改元素、预览后导出 3 步即可设计出满意的作品。它有丰富的图片、图标、字体、线条、形状、颜色等素材，为设计出好作品提供了有力支持。

登录账号后，单击左侧的"创建设计"按钮，就可以进入模板选择页面，图 2-2 所示为创客贴的模板选择页面。图片模板按照不同的使用场景进行划分，包括新媒体、教育培训、餐饮美食、行政管理、金融理财、定制设计等。用户可按照需求，单击并使用相应的模板。

图 2-2  创客贴的模板选择页面

进入创客贴设计页面后，最左侧为功能导航区，中间部分是设计操作区，最右侧为预览区。其中，功能导航区选项包含模板、图片、素材、文字、背景、工具、上传等 7 项功能，创客贴设计页面如图 2-3 所示。

图 2-3  创客贴设计页面

　　"模板"包含免费模板和付费模板，还会根据时下热点进行模板推荐。用户也可以根据需要，在搜索框中输入关键词搜索需要的模板。

　　"图片"有推荐图片。用户也可以在搜索框中输入关键词，搜索需要的图片。

　　"素材"包含形状、线和箭头、插图、文字容器、图片容器、图表、免抠素材等。用户也可以根据需要，在搜索框中输入关键词，搜索需要的素材。

　　"文字"可以插入文本框。用户也可以选用已有的经过设计的文字，简单修改后进行使用。

　　在"背景"中，用户可以选择纯色背景、渐变背景和花纹背景等风格，也可以自定义背景。

　　"工具"包含图表、二维码、表格3项可自定义的功能，如插入图表并进行数据编辑，即可得到想要的图表。

　　在"上传"中，可进行图片上传等操作。

### 2.2.2　制作动态九宫格图

　　九宫格图由9个方格组成一个正方形的形式构成，在海报设计和社交媒体配图设计方面应用广泛，可以带给用户非常惊艳的效果。动态九宫格图是增加了动态效果的九宫格图。

　　动态创意九宫格图是在动态九宫格图的基础上发展而来的。用户在预览动态创意九宫格图时看到的是一张完整的图片，单击其中的一张图片，可以看到它变成了一张长图。图2-4所示为动态创意九宫格图，图2-5所示为显示动态创意九宫格图中正中间的图片。

图2-4　动态创意九宫格图　　　图2-5　显示动态创意九宫格图中正中间的图片

制作并发布动态创意九宫格图的简要步骤如下，具体操作步骤请扫码看视频。

扫一扫

第一步：使用美图秀秀切出 9 个小方格图。

第二步：设计幻灯片。

第三步：使用幻灯片拼接长图。

第四步：导出长图。

第五步：在微博上进行发布。

 **动手练一练**

用自己喜欢的图片制作动态九宫格图并通过微博分享给大家。

### 2.2.3　制作信息长图

信息长图并不是简单地拉长普通图片，而是需要用创意来精心设计的。信息长图可以表述完整的情境，图2-6所示为信息长图。

以下是关于信息长图的具体介绍。

按照上下结构，信息长图可分为封面、内容、封底 3 个部分。

封面起到统领全局的作用，包含主标题、副标题等元素。一个好的标题非常重要，不仅能突出信息长图的主题，还能引起用户的兴趣。设计人员需要花时间着重思考。

内容是信息长图的核心，包含形象的图片和简练的文字描述。它还会使用线条、序号、色块等视觉标志，不但不仅美观，而且可读性也大大增强了。

封底展示内容核心观点或注明内容出处、制作单位、制作人、制图时间等，可根据具体需求进行设计。

信息长图的具体设计可分为两类：直接设计长图和设计小图并拼接成长图。直

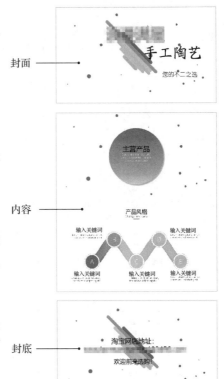

图 2-6　信息长图

接设计长图主要使用 Photoshop 软件，对于非专业人员来说，操作难度比较大；而先使用 PPT 设计小图，然后使用美图秀秀拼接图片，就易上手多了。用 PPT 和美图秀秀设计信息长图分为两个步骤：小图设计和图片拼接。

使用 PPT 和美图秀秀设计信息长图的简要步骤如下。

第一步：使用 PPT 进行小图设计。

第二步：导出图片。

第三步：使用美图秀秀进行图片拼接，并保存。

具体操作请扫码看视频。

扫一扫

**动手练一练**

用自己喜欢的图片制作一张风格统一的信息长图。

## 2.3 新媒体图文排版

### 2.3.1 文字排版

**1. 文字的基础排版**

（1）**字体**。在文字排版方面，设计人员需要综合考虑新媒体文案的应用场合、字体的可读性等方面。通常在同一篇新媒体文案中，字体需要限制在 3 种类型以内，宜少不宜多。Verdana、Arial、微软雅黑等字体是微信公众号文章中的常见字体。

扫一扫

（2）**字号**。字号应根据文字发布的渠道而定。在微信公众号中，如果使用五号字，用户阅读起来比较费劲，一般使用的文字字号为小三号字。五号字和小三号字分别如图 2-7 和图 2-8 所示。当然，设计人员也可根据具体情况灵活变通。

图 2-7　五号字

图 2-8　小三号字

（3）**颜色**。在文字排版中，设计人员需要考虑背景颜色和文字颜色的协调。微信公众号文章一般都采用白色作为背景颜色，恰当地使用文字颜色，可以起到营造良好氛围的作用。白色屏幕尽量不使用纯黑文字，那样会比较突兀，使用灰色文字是比较合适的，可以营造出良好的阅读氛围。黑色文字和灰色文字分别如图 2-9 和图 2-10 所示。

图 2-9　黑色文字　　　　　　　　图 2-10　灰色文字

（4）**行间距**。行间距是指行与行之间的距离。合理的行间距不仅可以让文章充满美感，还可以大大提高读者的阅读速度。默认的行间距是 1 倍，这样的文本在手机上会显得比较拥挤，不便于阅读；1.5 倍或 1.75 倍行间距的文本是最合适在手机上阅读的。1 倍行间距和 1.5 倍行间距分别如图 2-11 和图 2-12 所示。

图 2-11　1 倍行间距　　　　　　　图 2-12　1.5 倍行间距

（5）**段间距**。段间距是指段落之间的距离。合理的段间距能够让读者在阅读时自然区分段落，减少长篇文字连在一起给读者带来的不适感。若文章使用小三号字，将段前距或段后距设置为 1 行时，读者的阅读体验最好。未设置段间距和 1 行段间距分别如图 2-13 和图 2-14 所示。

图 2-13　未设置段间距　　　　　　图 2-14　1 行段间距

（6）**文字链**。文字链是以文字的形式呈现内容链接，读者点击文字就可以进行链接跳转。文字链这种简洁、高效的呈现形式，不仅美观，还能避免文字与长串网址排版在一起造成的混乱。网址链接和文字链分别如图 2-15 和图 2-16 所示。

图 2-15　网址链接

图 2-16　文字链

### 2. 文字的优化排版

文字的优化排版主要包括顶部设计、底部引导、突出强调、避免过度排版等。

（1）**顶部设计**。如果读者一打开微信公众号文章，便直接看到大量的文字，容易感到有压力和产生厌倦情绪，所以，设计人员需要巧妙地设计开场，如在文字顶端增加优美的图片、增加引导读者关注的图片或文字、增加话题等，使开场变得有趣，顶部设计如图 2-17 所示。

（2）**底部引导**。与顶部设计类似，为了不让文章结束得太突然，需要在底部加入相应的引导内容。常见的底部引导有提醒点赞和关注、引导相关阅读、引导购买商品等，底部引导如图 2-18 所示。

（3）**突出强调**。读者阅读大篇幅文字时容易忽略重点，因此，需要将文章中的重点文字突出显示，这样读者就能很快抓住重点。

文字强调方法有变色、加粗、改变样式等，图 2-19 所示为突出强调，该图采用了变色的文字强调方法。

图 2-17　顶部设计

图 2-18　底部引导

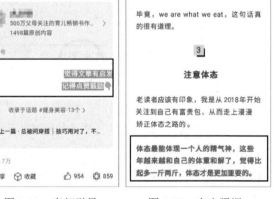

图 2-19　突出强调

（4）**避免过度排版**。过度排版会让读者把注意力放在文字格式上，而忽略了内容，与优化排版的初衷背道而驰。常见的过度排版有 4 类，包括动态背景、颜色过多、风格不定、样式繁杂，设计人员需要在实际排版中加以避免，这里就不再举例。

### 2.3.2　排版插件的使用

排版插件是通过浏览器对微信公众平台的功能进行辅助和增强的一类插件。这类插件不仅可以消除跨多个编辑平台操作的烦恼，还可以对微信公众平台的数据进行分析和汇总展示。下面以壹伴为例，讲解排版插件的使用。

壹伴是一款帮助运营者提高运营工作效率的新媒体工具，它依托主流浏览器发挥作用。在安装插件的浏览器中，打开微信公众平台，即可使用插件提供的增强功能。

登录壹伴官网，根据浏览器的提示下载和安装壹伴，图 2-20 所示为壹伴官网。

图 2-20　壹伴官网

安装壹伴后，微信公众平台会增加"我的工具栏"，里面有功能实验室、图文分析、粉丝分析及内容检测等功能，"我的工具栏"页面如图 2-21 所示。

图 2-21　"我的工具栏"页面

在"新的创作"下，单击"图文信息"，进入图文编辑页面，打开图文编辑页面如图 2-22 所示。

图 2-22　打开图文编辑页面

在图文编辑页面中，利用右侧的"常用工具"，即可在微信公众平台直接进行图文创作。该页面右下方有"壹伴小程序"，图文编辑页面如图 2-23 所示，使用手机微信扫码，即可使用壹伴小程序提供的功能。

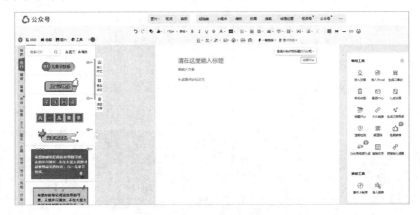

图 2-23　图文编辑页面

### 2.3.3　设计创意字

创意字是在文字传播和应用过程中的一种变形文字。为什么要使用创意字呢？因为普通文字创意有限，已经不能完全满足宣传和营销的需要，而好的创意字设计能让用户印象深刻，过目不忘。设计人员需具备较强的对文字形状的驾驭能力和对文字含义的理解能力，这样设计出的创意字才能出彩。

扫一扫

创意字在品牌设计、新媒体海报和新媒体广告中经常用到。例如，淘宝网、花瓣网等品牌设计就使用了创意字，这里就不再具体展示。

创意字在新媒体海报中的使用十分灵活。图 2-24 所示的毕业季海报和图 2-25 所示的"双 12"海报中的创意字设计都极富个性，使人印象深刻——毕业季海报的创意字给人一种怀旧和留恋的感觉，"双 12"海报中的创意字给人一种需要抢购商品的冲动。

创意字的设计工具主要有两种，分别是 Photoshop 与 Adobe Illustrator。创意字设计作为一项创造性工作，就如同绘画，并没有详细、固定的流程，不同的设计人员对创意字的理解和审美都是有区别的，所设计出来的作品也会千差万别，所以这里就不介绍如何制作创意字。

图 2-24　毕业季海报

图 2-25　"双 12"海报

 **课堂讨论**

　　在各类新媒体中搜索还有哪些海报可以体现其品牌宣传需求。请你找到自己喜欢的创意字海报，并将它们分享给小组成员。

 **动手练一练**

　　按照微信公众号文章中文字排版的要求，自选两段文字进行基础排版。（注意字体、字号、颜色、行间距和段间距。）

### 2.3.4　H5 页面制作

　　H5 页面是一种带有交互性质的页面，由文字、图片、音乐（声音）、视频、链接等多种形式的内容组合而成。使用 H5 页面能够全面地、生动地进行企业宣传、产品介绍、预约报名、会议组织、反馈收集、微信公众号增粉、网站导流等。

扫一扫

#### 1. H5 页面制作工具

　　在制作 H5 页面时，营销人员可以根据不同的内容、设计要求选择不同的制作工具。常见的 H5 页面制作工具有人人秀、易企秀、凡科互动、MAKA 和 iH5 等。

　　（1）人人秀

　　人人秀致力于提供"傻瓜级"操作体验，为用户提供了专业设计师制作的模板，用户只需替换模板中相应的图片和文字即可生成新的 H5 页面。图 2-26 所示为人人秀的模板页面。

　　（2）易企秀

　　易企秀提供简单的翻页 H5 模板，面向普通用户，包含的模板数量较多，用户可以使用模板，也可以发布模板。易企秀提供海量 H5 微场景模板，用户可一键生成 H5 页面。图 2-27 所示为易企秀的模板页面。

图 2-26　人人秀的模板页面

图 2-27　易企秀的模板页面

### （3）凡科互动

凡科互动是一款专业的提供游戏营销活动的工具，它免费提供了多款游戏模板，企业能够将营销信息植入 H5 页面中，实现品牌推广，提高销售转化率，适合微信公众号涨粉、门店引流、品牌传播、电商引流、活跃粉丝等多种营销活动的开展。凡科互动的功能较为强大，互动型 H5 模板较多，但大多数优质模板需要付费才能使用，且价格较高。图 2-28 所示为凡科互动的模板页面。

图 2-28　凡科互动的模板页面

（4）MAKA

MAKA 是一款在线创作工具，能够为用户提供企业形象宣传活动邀请、产品展示、数据可视化展示、活动报名等不同场景的服务，其操作简单，仅进行拖曳操作即可添加或替换文字、图片等元素，模板覆盖行业多，能够满足大部分使用场景的需求，同时支持 PC 端和移动端进行 H5 页面编辑，能够一键分享到不同的平台。MAKA 虽然操作简单，但许多模板只有会员才有使用权。图 2-29 所示为 MAKA 的模板页面。

图 2-29　MAKA 的模板页面

（5）iH5

iH5 是一款定位为专业级的 H5 页面制作工具，其功能较为强大，用户可以自行编写代码，但是学习成本较高，不适合不懂代码的初学者。它支持各种移动端设备和主流浏览器，能够设计制作出 PPT、应用原型、数字贺卡、相册、简历、邀请函、广告视频等多种类型的 H5 页面。图 2-30 所示为 iH5 的模板页面。

图 2-30　iH5 的模板页面

## 2. H5 页面制作过程

下面以使用人人秀为例，介绍如何制作 H5 页面。

制作 H5 页面的第一步就是选择 H5 页面的素材和模板，营销人员可根据所在行业、营销目的、营销活动类型、营销用途、H5 页面风格等选择不同的素材和模板。

**01** 登录人人秀账号，在首页单击"免费使用"按钮。图 2-31 所示为人人秀的首页。

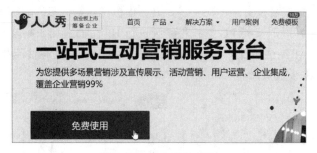

图 2-31　人人秀的首页

**02** 打开人人秀模板页面，切换到"H5"选项卡，即可看到系统提供的 H5 模板，H5 模板页面如图 2-32 所示。如果想要查看更多的模板，或者想按类型查找模板，可以单击右上角的"查看更多"按钮。

图 2-32　H5 模板页面

**03** 进入模板商店页面，用户可以根据用途、功能、行业、节日或风格选择不同的 H5 模板。例如，此处根据用途选择"课程"，H5 模板选择如图 2-33 所示。

图 2-33　H5 模板选择

**04** 图 2-34 所示为"课程"模板，该页面中展示了用途为"课程"的模板。浏览模板，选择一个合适的模板，单击即可打开该模板。

图 2-34　"课程"模板

**05** 图 2-35 所示为模板的编辑页面，单击打开的"课程"模板右下方的"立即使用"按钮，即可打开该模板的编辑页面。

图 2-35　模板的编辑页面

**06** 用户可以根据需要对模板中的文字、图片、特效、表单及互动等进行设置。设置完毕后，单击"保存"按钮进行保存，还可以单击"预览和设置"按钮进行预览。预览没问题后，就可以单击"发布"按钮进行发布。

**07** 打开"发布"页面，单击分享头像框下的"删除"按钮，删除原头像，然后单击分享头像框中的"+"按钮，找到需要的图片，单击"打开"按钮，如图 2-36 所示。

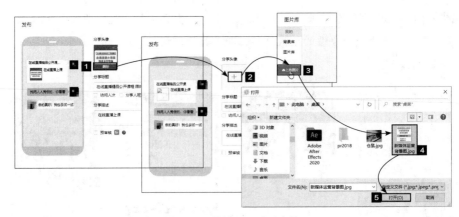

图 2-36　替换 H5 页面头像

**08** 将 H5 页面头像替换后，依次修改"分享标题"和"分享描述"，修改完毕后，单击"确定"按钮，即可进入分享页面。用户复制 H5 链接或者直接单击鼠标右键复制、保存二维码，然后将链接或二维码发布到新媒体平台即可，图 2-37 所示为分享 H5 页面。

图 2-37　分享 H5 页面

 **素养课堂**

　　新媒体营销专业不仅要注重对学生营销技能的培养，更应注重对其人格的培养以及职业操守的塑造。学校应顺应市场需求，将"以德为先、以德育人"作为首要职责，树立"厚商德、明规范、强技能"的人才培养目标，达到德行素养与技术技能的统一。新媒体营销应与社会责任相结合，与可持续发展理念并进。

# 2.4 新媒体短视频制作

## 2.4.1 编写脚本

与长视频有较长的表达时间不同，短视频因时长较短，在镜头表达上有很多局限，所以短视频脚本要求精益求精，需要处理好演员台词和演技、场景布置、服化道（服装、化妆、道具）、音乐和剪辑效果等细节，还需要安排好剧情的节奏和进程，张弛有度，保证在 3 ～ 5 秒内就能快速吸引观众，让其有继续看下去的欲望。

短视频脚本按照拍摄内容的不同可以分为 3 种类型：拍摄提纲、文学脚本和分镜头脚本。

### 1. 拍摄提纲

拍摄提纲罗列了短视频拍摄要点，对拍摄内容起到了简要的提示作用，使短视频创作者具有较大的自由发挥空间，缺点是对后期剪辑的指导作用微乎其微。

拍摄提纲的创作一般包括 6 个步骤。

下面以拍摄一个关于裁员的小故事为例，展示如何创作拍摄提纲，如表 2-2 所示。

表 2-2 拍摄提纲

| 序号 | 步骤 | 本次拍摄提纲的内容 |
| --- | --- | --- |
| 1 | 选题和创作方向 | 选题：职场故事。创作方向：关于裁员 |
| 2 | 选题角度及切入点 | 选题角度及切入点：两个员工午餐期间的对话 |
| 3 | 表现技巧、创作手法 | 表现技巧：通过对话及内心戏来表现故事情节。创作手法：现实主义、浪漫主义等 |
| 4 | 构图、光线和节奏 | 构图：人物在画面中央。光线：中等。节奏：中等 |
| 5 | 场景的转换、结构 | 场景的转换：7 个场景。结构：总分总 |
| 6 | 剪辑、音乐、解说、配音 | 剪辑：由剪辑师使用剪映 App 剪辑。音乐：采用舒缓的背景音乐。解说：无。配音：由剧中人物自己配音 |

### 2. 文学脚本

文学脚本需要短视频创作者写出主要的拍摄思路，不需要像分镜头脚本那样细致，只需要写明镜号、景别、画面、台词。文学脚本不仅适用于剧情类短视频，而且适用于非剧情类短视频，如美妆类和测评类短视频等。表 2-3 所示是某剧情类短视频的文学脚本示例。

表2-3　某剧情类短视频的文学脚本示例

| 镜号 | 景别 | 画面 | 台词 |
|---|---|---|---|
| 1 | 中景 | 老张和小孙分别坐在饭桌两侧，低头吃饭 | |
| 2 | 近景 | 小孙紧张不安 | 老张，我最近犯错比较多，被经理批评了好几次，这次裁员会不会有我啊 |
| 3 | 特写 | 老张看着小孙 | （内心独白）还真有可能啊，最近她犯了好多简单的错误 |
| 4 | 特写 | 老张露出微笑 | 不会的，你业务能力那么强 |
| 5 | 近景 | 小孙露出疑惑的表情 | 是吗？难道是我感觉错了 |
| 6 | 特写 | 老张保持微笑 | 是啊，你这么优秀，放心好了 |
| 7 | 全景 | 老张和小孙碰杯 | |

### 3. 分镜头脚本

分镜头脚本是前期拍摄和后期制作的依据。视频长度和经费预算也可以以分镜头脚本作为参考。分镜头脚本主要包括镜号、景别、画面、分镜头长度、人物、台词等内容，属于比较具体的短视频脚本。制作团队依据分镜头脚本进行拍摄，可最大限度地表现短视频创作者的意图，因此分镜头脚本适用于故事性比较强的短视频。分镜头脚本示例如表2-4所示。

表2-4　分镜头脚本示例

| 镜号 | 景别 | 画面 | 分镜头长度 | 人物 | 台词 |
|---|---|---|---|---|---|
| 1 | 中景 | 老张和小孙分别坐在饭桌两侧，低头吃饭 | 2秒 | 老张、小孙 | |
| 2 | 近景 | 小孙紧张不安 | 3秒 | 小孙 | 老张，我最近犯错比较多，被经理批评了好几次，这次裁员会不会有我啊 |
| 3 | 特写 | 老张看着小孙 | 2秒 | 老张 | （内心独白）还真有可能啊，最近她犯了好多简单的错误 |
| 4 | 特写 | 老张露出微笑 | 2秒 | 老张 | 不会的，你业务能力那么强 |
| 5 | 近景 | 小孙露出疑惑的表情 | 1秒 | 小孙 | 是吗？难道是我感觉错了 |
| 6 | 特写 | 老张保持微笑 | 2秒 | 老张 | 是啊，你这么优秀，放心吧 |
| 7 | 全景 | 老张和小孙碰杯 | 3秒 | 老张、小孙 | |

要想写出比较优秀的短视频脚本，还需要关注以下几个事项。

（1）**明确整体写作架构**。在编写文学脚本时，需要提前确定整体的写作架构，以"总—分—总"结构居多，这样可以让短视频有头有尾、前后呼应。

（2）**进行人设搭建**。除了人物的台词外，人物的动作和表情也是人设搭建的重要内容。

（3）**进行场景设定**。场景设定可以起到渲染故事情节和强化主题的作用，场景需要根据剧情来设定，场景的使用次数要适宜，不能过多。

### 2.4.2　短视频拍摄

#### 1．拍摄器材

（1）**相机的选择**。拍摄短视频使用的相机主要有智能手机、微单相机、单反相机。

扫一扫

刚入行的创作团队由于资金有限，使用手机拍摄是最合适不过的。现在，市面上价格中等的手机已经具备比较强大的功能，可以满足短视频的拍摄、剪辑、发布等需求。

微单相机适合预算有限，但对短视频画质有较高要求的创作团队使用。现在市面上较好的微单相机有斯莫格 BMPCC、松下 GH5 和索尼 A6300。

当创作团队发展到稳定阶段，需要面向广大用户或者承接电商短视频广告时，他们对画质的要求会越来越高，这时，就需要考虑使用专业的单反相机了。

（2）**灯光设备**。摄影是光影的艺术。灯光造就了影像画面的立体感和层次感，是拍摄中的基本要素。最常用的灯光设备主要是伞灯和柔光灯，伞灯和柔光灯分别如图 2-38 和图 2-39 所示。

图 2-38　伞灯　　　　　　　　图 2-39　柔光灯

与拍摄电影等需要较为复杂的灯光布置的场景相比，大部分短视频拍摄对灯光布置的要求并不高，一般采用"三灯布光法"就可以满足基本的拍摄要求。

其中，主灯作为主要光源灯，是一个场景中最基本的光源，可以将被摄主体最亮的部位或轮廓打亮。主灯通常放置在被摄主体的侧前方，在被摄主体和拍摄设备之间 45 度～90 度的范围内。

辅灯作为补光，其亮度比主灯的亮度要小一些，一般放在与主光相对的地方，对未被主光覆盖的被摄主体暗部起到补光提亮的作用。主光与补光的光比一般没有特殊要求，可以为 2：1 或 4：1。

轮廓灯发出的光对主灯和辅灯的光起到补充作用，可以打亮人体的头发和肩膀等的轮廓，提升画面的层次感和纵深感，一般位于被摄主体的后侧。

（3）**辅助器材**。辅助器材通常有三脚架（见图 2-40）、稳定器、滑轨、话筒、摇臂等，创作团队可以根据具体需要选择。

**2. 运镜技巧**

通过镜头的运动可以实现多种镜头语言。运动镜头简称运镜。运镜使画面富有动感，能带来很强的视觉冲击力并推动故事情节的发展。下面讲解几种常用的运镜技巧。

图 2-40　三脚架

（1）**推镜头**。摄像机镜头与画面逐渐靠近，画面外框逐渐缩小，画面内的景物逐渐放大，使观众从整体看到某一局部，这就是推镜头。推镜头可以引导观众关注局部，烘托情绪气氛。

（2）**拉镜头**。拉镜头与推镜头相反，摄像机逐渐远离被摄主体，画面从某一局部逐渐扩展，使观众视点后移，看到局部和整体之间的联系，进而产生宽广舒展的感觉。

（3）**摇镜头**。摇镜头指的是摄像机机位不变，以三脚架上的活动底盘或拍摄者自身为支点，改变摄像机光学镜头轴线的拍摄方法，常用于介绍环境或突出被摄主体。

（4）**跟镜头**。跟镜头就是跟摄。跟镜头可连续而详尽地表现人物在运动中的动作和表情，既能突出运动中的主体，又能交代其运动方向、运动速度、体态及其与环境的关系，使其运动保持连贯，有利于展示人物在运动中的精神面貌。

（5）**移镜头**。被摄主体呈静态时，摄像机移动，使景物从画面中依次划过，使观众产生巡视或扫视的视觉感受；被摄主体呈动态时，摄像机伴随移动，形成跟随的视觉效果，如果逆主体方向运动，还可创造出特定的情绪和气氛。

（6）**升降镜头**。升降镜头是指摄像机在升降机上做上下运动所拍摄的画面，是一种从多个视点表现场景的拍摄方法。其变化有垂直升降、弧形升降、斜向升降、不规则升降等。升降镜头如果在速度和节奏方面运用适当，可以创造性地表达一场戏的情调。

（7）**悬空镜头**。悬空镜头是指通过摄像机在物体上空移动来拍摄画面。悬空镜头常用于拍摄大场面，会使画面产生史诗般恢宏的气势。

### 2.4.3　短视频剪辑

短视频剪辑就是借助视频剪辑软件进行镜头的连接，添加转场、字幕、特效等使镜头的逻辑顺序和结构更严密，生成具有不同表现力的短视频。

扫一扫

常用的剪辑软件有剪映、爱剪辑、VUE、快剪辑等。下面介绍剪映 App 的使用方法。

### 1. 导入视频

打开剪映 App，点击"开始创作"按钮，如图 2-41 所示。进入选择照片视频页面后，选中要剪辑的视频，点击"添加"按钮，如图 2-42 所示。

图 2-41　剪映 App 首页

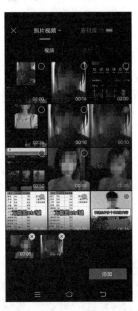

图 2-42　选择照片视频页面

进入视频剪辑页面后，双指分开或捏合视频条或时间轴空白区域，可以放大或缩小时间轴。手指在视频条或时间轴空白区域左右滑动，可以滑动观看视频素材。若要调整视频素材的位置，可以长按视频素材，然后左右拖动进行调整。

选中视频素材，将时间线定位到需要修剪的位置，点击"分割"按钮，如图 2-43 所示。选中不需要的视频素材，点击"删除"按钮，即可将多余的视频素材删除，如图 2-44 所示。

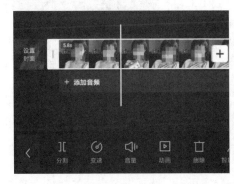

图 2-43　分割

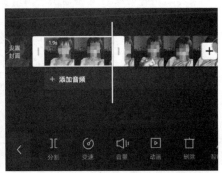

图 2-44　删除

### 2. 导入配音音频

视频素材的原声可能有很多杂音，可以点击"关闭原声"按钮，去掉视频素材的原声，再导入音频，效果会更好，图 2-45 所示为关闭原声。

点击"添加音频"按钮或者下方的"音频"按钮，在打开的页面中点击"音乐"按钮，然后在打开的页面

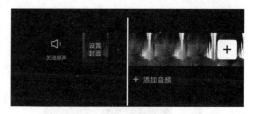

图 2-45　关闭原声

中选择"导入音乐"—"本地音乐"，选择所需的配音音频，点击"使用"按钮，即可将导入的配音音频应用到视频中，图 2-46 所示为添加音频。

图 2-46　添加音频

**注意**

自己制作的配音音频需要将其导出为 MP3 或 WAV 格式，并将其保存到手机中的"Documents"文件夹中，才可以在导入本地音乐时找到该音频文件。

添加音频后，选中音频轨道，采用与修剪视频相同的方法，对音频素材进行修剪，可按需要使用"音量""淡化""分割""踩点""删除"等功能，图 2-47 所示为修剪音频。

图 2-47　修剪音频

### 3. 添加转场

点击两段视频中间的小方块，跳转到转场页面，选择一个合适的转场，这里

选择"基础转场"—"渐变擦除",即可将转场效果应用到视频中,用户可以根据需要调节转场时长。如果多段视频的转场都要使用同一种效果,可以点击"全局应用"按钮,再点击右下方的""按钮,即可完成转场效果设置。图2-48所示为设置转场效果。

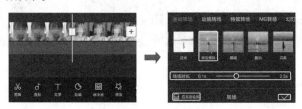

图2-48 设置转场效果

🔍 **课堂讨论**

对于搞笑类短视频,在一般内容和笑点之间用什么转场效果可以更好地突出笑点?

### 4. 添加背景音乐

背景音乐能够营造氛围,提高短视频的情绪表达效果,让观众的情感与短视频内容融合在一起。不同类别的短视频体现的主题是不同的,所以短视频创作者要依据实际需要采用不同的背景音乐。

在为短视频选择背景音乐时,要遵循以下原则:根据短视频的情感基调选择、背景音乐要配合短视频的整体节奏、背景音乐不能喧宾夺主、选择热门音乐。

短视频创作者可以在剪映App的"推荐音乐""抖音收藏""导入音乐"中选择背景音乐,这里需要注意的是"我的收藏"和"抖音收藏"中选择背景音乐时,需要先登录剪映App。

将时间线定位到视频开头,点击"音频"按钮,在打开的页面中点击"音乐"按钮,然后在打开的页面中选择合适的背景音乐,点击音乐后面的"使用"按钮,即可将音乐应用到视频中,用户可以对背景音乐进行音量调整、分割,删除等操作。

### 5. 添加字幕

添加字幕的短视频,相比较不添加字幕的短视频,更便于观众了解短视频的内容。此外,有字幕的短视频成为"爆款"短视频的概率更高。

添加字幕的具体步骤如下:将时间线定位到要添加文字的位置,在页面下方点击"文字"按钮,在打开的页面中点击"新建文本"按钮,图2-49所示为新建文本的过程。用户还可以根据需要选择"文字模板""识别字幕""识别歌词""添加贴纸"等功能添加字幕。

进入输入文本界面,根据需要输入文本,输入完成后,用户还可以选择"样式""花字""气泡""动画"等对文本进行美化处理。图2-50所示为添加文本的效果。

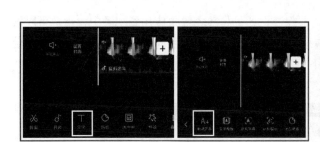

图 2-49 新建文本的过程　　　　　图 2-50 添加文本的效果

# 任务实训

## 实训 1　使用剪映 App 剪辑短视频

### 实训目标
掌握剪辑短视频的方法。

### 实训内容
借助剪映 App 剪辑短视频。

### 实训要求
使用剪映 App 剪辑自己拍摄的视频素材，进行包括添加转场效果、字幕和背景音乐等操作。

### 实训步骤
（1）登录剪映 App，导入自己拍摄的视频素材。

（2）根据需要，剪辑视频素材。

（3）为短视频添加转场效果。

（4）为短视频添加字幕和背景音乐。

## 实训 2　编写一个短视频文学脚本

### 实训目标
掌握编写短视频文学脚本的方法。

### 实训内容
以搞笑类剧情为方向，发挥创意，编写一个短视频文学脚本。

### 实训要求
写出主要的拍摄思路，写明景别、画面、台词即可。

### 实训步骤
（1）思考出一个搞笑类剧情。

（2）根据剧情在表 2-5 中填写景别、画面、台词等内容。

表 2-5  文学脚本表格

| 镜号 | 景别 | 画面 | 台词 |
|---|---|---|---|
| 1 | | | |
| 2 | | | |
| 3 | | | |
| 4 | | | |
| 5 | | | |
| 6 | | | |
| 7 | | | |

## 思考与练习

### 一、判断题

1．新媒体文案按照广告植入方式分类，可分为传播文案和促销文案。（    ）

2．新媒体文案按照宣传目的进行分类，可分为软广告和硬广告。（    ）

3．新媒体文案按照篇幅分类，可分为长文案和短文案。（    ）

4．新媒体文案创作者也需要对用户需求进行引导。这个引导分为两个方面，一方面是新媒体文案创作的可实现性，另一方面是新媒体文案创作的成本控制。（    ）

5．新媒体文案创作者在创作文案之前，需要详细了解用户的需求。（    ）

### 二、单项选择题

1．新媒体文案的创作流程不包括（    ）。

　　A．分发测试　　B．撰写初稿　　C．了解用户需求　D．打印定稿

2．信息长图不包括（    ）。

　　A．目录　　　　B．封面　　　　C．封底　　　　D．内容

3．短视频脚本按照拍摄内容的不同划分的类型不包括（    ）。

　　A．剧情脚本　　B．分镜头脚本　C．拍摄提纲　　　D．文学脚本

4．拍摄短视频使用的主要相机不包括（    ）。

　　A．智能手机　　B．微单相机　　C．单反相机　　　D．平板电脑

5．运镜技巧不包括（    ）。

　　A．转镜头　　　B．推镜头　　　C．拉镜头　　　　D．摇镜头

### 三、简答题

1．拍摄新媒体短视频的辅助器材通常有哪些？

2．选择短视频背景音乐应遵循的原则有哪些？

3．运镜技巧主要有哪些？

4．新媒体图文中文字的优化排版有哪些内容？

5．短视频脚本有哪些类型？每种类型各有什么特点？

# 第 3 章

# 微信营销与运营

## 学习目标

√ 认识微信营销
√ 掌握微信个人号的运营
√ 掌握微信公众号的运营
√ 学会进行微信营销案例分析

## 学习导图

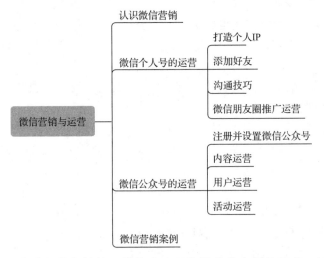

本章将重点讲解微信营销、微信个人号和微信公众号的运营，以及微信营销案例等内容，以帮助读者快速认识和掌握微信营销与运营。

## 3.1 认识微信营销

### 1. 微信，大部分人都在用的社交工具

微信用户量稳步增长，至今微信已经拥有近 10 亿用户，它已经进入人们生活和工作的各个方面，是目前大部分人都在使用的社交工具。

扫一扫

### 2. 微信营销的定义

微信营销是网络经济时代企业或个人营销的一种，是伴随着微信的火热而兴起的一种网络营销方式。微信打破了空间距离的限制。用户注册微信后，可与周围同样注册微信的"朋友"形成联系，用户订阅自己所需的信息，商家通过向用户提供其需要的信息来推广自己的产品，从而实现点对点的营销。微信账号主要包括微信个人号和微信公众号，下面分别介绍它们的营销价值。

### 3. 微信个人号的营销价值

微信个人号的营销价值主要体现在以下 3 个方面。

（1）**建立个人品牌**。以微信为代表的社交软件的出现，让个人成为传播载体。人们能够在微信上展示自己的生活、爱好、观点、追求等，通过自我展示、交流和互动，建立个人品牌，从而实现商业价值的转化。

（2）**促进产品销售**。卖家通过微信朋友圈发布产品信息，通过微信聊天为买家提供咨询服务，买家用微信支付功能完成付款，从而实现产品销售。

（3）**维护客户关系**。微信促进了人与人之间的沟通。通过微信聊天或微信朋友圈互动，用户可以进一步了解卖家，卖家也有机会获得用户的信任，加深情感连接。用户信任卖家，才会选择购买卖家的产品，从而实现商业转化。

### 4. 微信公众号的营销价值

微信公众号的营销价值主要体现在以下 5 个方面。

（1）**信息入口**。用户搜索并关注微信公众号就可以获得企业信息，也可以在移动端点击微信公众号中的菜单直接跳转到企业官网。

（2）**客户服务**。微信极大地方便了客户与企业的沟通。将微信公众号与企业 CRM 系统结合可实现多人人工接入，提高客户的满意度。通过设定关键词，微信公众号可实现自动回复，这可以大大减少人工客服的工作量，节约人力成本。

（3）**电子商务**。若用户在阅读微信公众号中的图文介绍时想购买某件产品，直接点击并在微信上下单支付，即可完成交易，物流查询、客户服务也都能够通过微信实现，非常方便。

（4）**调研**。大型企业的调研工作由专门的部门负责，或者付费给第三方公司，让其通过发放问卷、电话访问等方式实现。采用这些方式进行调研不仅成本高，而且所得到的结果不一定准确。企业通过微信可以直接接触精准用户群体进行调研，不仅结果准确，还能省下大笔经费。

（5）**品牌宣传**。微信公众号可以用文字、图片、音频、视频等多种形式，把企业最新的促销活动告知用户，具有互动性较好、信息传递快捷和信息投放精准的特点。用户不仅可以接收品牌信息，还可以方便地参与品牌互动，这有助于加快品牌传播速度，降低企业营销成本。

**课堂讨论**

1. 你认为微信个人号还有哪些营销价值？请你把它们分享给小组成员。

2. 你认为微信公众号还有哪些营销价值？请你把它们分享给小组成员。

# 3.2 微信个人号的运营

## 3.2.1 打造个人IP

微信个人号运营的第一步是创建一个高质量的个人账号，即打造一个个人IP。它与我们日常使用的私人号不同，也与那些满朋友圈都是广告的广告号不同。那么如何打造一个高质量的个人IP呢？你需要做两件事情，即人设打造和朋友圈建设。

扫一扫

### 1. 人设打造

人设打造是将你的微信个人号塑造成一个非常有辨识度的账号，让添加你的好友能够很容易地看出你是做什么的，那样，他在有需要时就会第一时间想起你。微信个人号能够在4个地方体现人设，分别是昵称、签名、头像和主页背景。这4个地方一般该怎么设计呢？其核心原则是围绕统一的人设定位进行内容设计和填写。

例如，从事护肤顾问行业的微信个人号可以打造专家人设，如皮肤护理专家。企业营销的客服也可以参照如下设计。

（1）昵称。昵称可以设置为公司名/机构名＋昵称/真实名字，如"＊＊工坊＆小樱""＊＊[无添加]苏婉婉"，某品牌电商客服朋友圈和某品牌教育顾问朋友圈分别如图3-1和图3-2所示。

图3-1 某品牌电商客服朋友圈　　图3-2 某品牌教育顾问朋友圈

（2）**签名**。签名可以是精简的履历，如"专注皮肤管理10年，帮您解决肌肤问题"，或者传递情怀，如"您的私人肌肤护理专家"。

（3）**头像**。头像应少用机构的商标或者徽标，可以用象征企业的卡通动物形象或者自己的职业照、生活照等。

（4）**主页背景**。主页背景有两种类型，一种是图片版个人介绍，突出专业性，匹配企业风格；另一种是引导观看朋友圈内容的图片指引。

**2. 朋友圈建设**

对于微信个人号来说，朋友圈有很大的营销价值。一个好的朋友圈会加速对方对你产生信任，因为超过九成的人添加对方为好友后，第一个动作就是浏览对方的朋友圈，去了解对方。

好的朋友圈一定可以帮到对方或者给对方留下好印象。因为微信是熟人社交，信任永远是第一位，越生活化的微信个人号越容易使人产生亲切感，越不容易发生好友的流失。

朋友圈的内容类型可分为以下3种，可以根据具体需要在朋友圈中穿插着发布。

（1）**干货**。干货是指所在领域的相关知识，可以是文字、图片、音频、视频等任意形式。图3-3所示为发布护肤干货，皮肤护理专家用专业的文字和图片说明如何正确地去皮肤角质让人信服她的专业。

（2）**"鸡汤"**。"鸡汤"指正能量的简短故事或金句，同时配上图片、表情包、日签或海报等内容。图3-4所示为发布正能量"鸡汤"，该图中正能量的朋友圈文字"保持对生活的爱和热情，把每一天活的热气腾腾。"配上相关图片，很容易获得大家的好感。

（3）**推荐**。推荐与自身专业领域相关的实用性产品或好物、好吃推荐。图3-5所示为推荐周边美食。

图3-3　发布护肤干货　　图3-4　发布正能量"鸡汤"　　图3-5　推荐周边美食

 **课堂讨论**

你认为微信个人号还可以在朋友圈发布哪些好的内容，获得用户好感？请你把它们分享给小组成员。

### 3.2.2　添加好友

想运营好微信个人号，保证足够的好友数量是非常重要的。那该如何添加好友，把微信好友数量提上去呢？下面介绍了常用的 8 种方法。

#### 1．导入手机通信录好友

微信支持用户导入手机通信录好友，只需点击"添加朋友"—"手机联系人"，就可以向对方发送好友申请，但是能够通过手机号码搜到微信个人号的前提是该用户在"隐私"中的"添加我的方式"中开启了可通过"手机号"找到我。

#### 2．扫描二维码添加好友

扫描二维码添加好友也是比较常用的方法。你可通过"我"—个人信息—二维码名片调出自己的微信个人号的二维码，也可以直接在"添加朋友"页面点击二维码小图标调出自己的微信个人号的二维码。另外，你可以在名片上附上自己的微信个人号的二维码。

#### 3．通过微信"发现"添加好友

微信的"发现"页面有"直播和附近"等随机添加陌生人为好友的功能。点击"直播和附近"—"附近的人"，页面会显示附近正在使用微信的人，点击页面右上角的"…"还可以对其进行筛选。

#### 4．多社交平台引流

你可以在其他社交平台，如微博、QQ、知乎、美拍、小红书等上留下自己的微信个人号，只要你乐于互动，喜欢分享，就会有很多人想进一步认识你，和你交流，进而会搜索你的微信个人号并添加你为好友。

#### 5．通过社群添加好友

社群是一个非常好的添加好友的途径。怎么寻找有价值的社群呢？下面介绍了 3 种方法。

（1）搜索。直接搜索相关关键词查找相关的群，如在百度网站上搜索"**微信群""** 交流群"等关键词，搜索出相关微信群后，申请入群。

（2）线下活动。通过线下活动可以加入很多相关社群或认识更多产品的用户，通过他们的引荐，可以认识更多相关的人。此外，你也可以自行发起某个主题的线下活动，如在豆瓣上发布同城活动等。

（3）自建社群。你可以自己建立微信群，将相关领域的朋友汇聚在一起，然后吸引其他用户加入。自建社群要求自身有较高的专业度，有一定的影响力，所以你需要看情况决定是否要自建社群。

#### 6．软文推广添加好友

你可以在各大论坛和贴吧等上发布文章，如分享自己的故事、生活或知识等，并在文章中巧妙地加入自己的微信个人号或其二维码。这也是一种见效快、较精准的添加好友的方法。

### 7. 线下引流添加好友

你可以参与同学聚会、同行聚会、线下论坛、行业交流等线下活动，多和其他人交流，通过这种方式添加的好友黏度也较高。

如果本身有实体店铺，你一定要想方设法让来店里的用户关注你的微信个人号，你可以通过送小礼物、办会员卡等方式引导用户关注。

### 8. 公众号引流添加好友

如果你同时在运营微信公众号，并积累了一定的用户，且这些用户对微信公众号比较信任，你就可以考虑将微信公众号上的用户引流到微信个人号，这也是一个很好的添加好友的途径。

 **课堂讨论**

你认为微信个人号还有哪些好的添加好友的方法？请你把它们分享给小组成员。

### 3.2.3　沟通技巧

添加好友只是微信营销的开始，要实现变现，掌握沟通技巧也非常重要。在与微信好友沟通时，你需要懂得一定的沟通技巧。下面介绍了 5 个常用的沟通技巧。

扫一扫

### 1. 撰写申请语

撰写申请语主要有找到沟通桥梁、表明自己的身份和说清添加好友的目的 3 个思路。

（1）找到沟通桥梁。当一个人与另一个人有相同的朋友或加入了相同的社群时，相互之间更容易产生信任。为了提高通过率，你可以把共同的朋友的名字写在申请语中。

（2）表明自己的身份。如果双方之间没有交集，你可以表明自己的身份，介绍自己的公司，且企业或品牌越出名越容易通过验证。

（3）说清添加好友的目的。在申请添加好友的时候要用精练的语言说清目的，这样有助于通过验证。

### 2. 为好友做好信息备注

点开好友的主页，点击"设置备注和标签"，在打开的页面中可以添加或修改好友的备注、标签、电话号码、描述等内容，也可以个性化地备注好友的姓名、地域、行业、个人特征等信息。

### 3. 精心分组，高效沟通

微信好友分组的方法主要有备注法、标签法、重点星标法和置顶法。下面进行简单介绍。

（1）**备注法**。如何通过备注进行分组呢？使用苹果手机，在好友通信录上单击进入好友个人页面，在设置备注和标签处添加备注；除苹果手机以外，在通信录上长按某一好友昵称，即可在其昵称前添加备注，如图 3-6 所示。例如，备注"＊＊公司"，那同属这个公司的好友自然就形成了一组。这样备注后不仅起到了分组的作用，地域、公司、学校、兴趣爱好等重要信息在昵称上也一目了然。

（2）**标签法**。你设置完备注和标签后，可以将不同的好友放在不同的标签下，点开不同的标签即可看到同属此标签的好友。为好友设置标签，有助于你在某些需求下快速筛选出需要联系的人。

（3）**重点星标法**。对于一些需要高频率联系的好友，你可以将其"设为星标朋友"。"星标朋友"一般会出现在通信录的最前面，这样只要点开通信录，你就可以快速找到他们。图 3-7 所示为设为星标朋友。

（4）**置顶法**。对于特别重要的人或客户，你可以设置"置顶聊天"，图 3-8 所示为置顶聊天。

  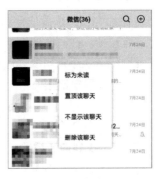

图 3-6　设置备注和标签　　图 3-7　设为星标朋友　　图 3-8　置顶聊天

 **素养课堂**

个人号进行营销实际上可以归结为混圈子、结人脉、卖产品、招代理、做口碑五个部分，它必须建立在强大的个人品牌、个人号的支持之上。例如，某汽车品牌 X 马就是借助微信朋友圈结合移动视频进行营销的，这样不仅放大了优质内容，还让广告创意活灵活现地呈现在受众眼前。X 马经过微信朋友圈爆发式互动传播，品牌总曝光量达到 1.17 亿人次，总社交互动次数超过 223 万人次，X 马中国微信号粉丝增长约 5 万人。

### 4. 把握自我介绍的黄金时间

好友申请通过后要及时向对方做自我介绍。那么，如何做自我介绍呢？

（1）**简洁明了**。如果之前与对方已有过交流，那么可以直接打招呼；如果是第一次与对方交流，就需要做一个得体的自我介绍，切忌过长，用80字以内的文字简单介绍自己就好。

（2）**先通过朋友圈了解对方，再做自我介绍**。为了使自己更容易获得对方的好感，拉近彼此的距离，你可以快速翻阅对方的朋友圈，了解对方的兴趣、爱好、特征。如果对方总是发布烘焙的图片，那他多半是个烘焙爱好者；如果对方每天发布健身的图片，那他多半是个运动达人；如果对方每天分享歌曲，那他多半是个音乐发烧友……你还可以查看对方朋友圈的评论和点赞，看是否能找到共同好友。以交集为出发点来开场，有助于拉近双方距离，快速获得对方的信任。

（3）**准备几条常用的自我介绍话术**。准备几条常用的自我介绍话术并将其保存在手机的备忘录中，在需要的时候直接复制过来，稍加修改后即可发送给对方，这样既省事，也不易出错。

### 5. 良好互动，增进信任

如何正确地与好友进行互动交流，增进彼此的信任和感情呢？

（1）**不要群发**。少用或不用群发功能，群发会让对方感觉不到你的诚意。我们可以先写好一个文案，然后带上对方的称谓单独发送，这样会让对方感觉到你的诚意，对你产生好感。

（2）**杜绝骚扰行为**。群发广告、清理微信的消息等行为会对用户造成骚扰，会引起用户的反感，导致被用户删除好友或举报。

（3）**不定期地发送红包**。在表达谢意、发送节日问候或生日祝福、咨询问题等的时候，向对方发一个金额为几元的红包，可以给对方留下良好的印象。

（4）**热情地评论、点赞**。一般人在微信朋友圈发布了内容，都会期待别人的评论、点赞。及时对微信朋友圈中其他人发布的内容进行评论和点赞是很好的互动方式，能够让对方感受到你的诚意，这样，在以后有需要时对方才会第一时间想到你。

（5）**谨慎做出求转发、点赞等行为**。如果平时连互动交流都没有，就向对方发送投票、点赞这样的要求，这在对方看来是强人所难、不礼貌的行为。几次之后，双方之间的关系就会失去平衡，对方就不再愿意搭理你。

（6）**遵守微信基本社交礼仪**。遵守微信基本社交礼仪不仅可以使自己更受欢迎，而且可以实现有效沟通。微信基本社交礼仪主要体现在以下方面。

未经对方允许不要将其微信名片推送给他人；尽量不要开启语音聊天；有事直接说事；提问前要先组织好语言，内容较多时先进行简单排版，再发送；发送文件前要询问对方是否方便；记得表达感谢。

你认为使用微信沟通时还有哪些良好的互动方式？请你把它们分享给小组成员。

### 3.2.4　微信朋友圈推广运营

扫一扫

微信朋友圈是你向他人展示自己的重要窗口，你给微信好友的印象，大部分是由你在微信朋友圈发布的内容决定的。那该如何发布微信朋友圈呢？下面介绍了 6 个方法。

#### 1. 广告软植入

利用微信朋友圈进行营销时，广告不可太生硬，生硬的广告无法引起用户的兴趣，反而容易被屏蔽。建议在微信朋友圈发布的内容，1/3 与社会、行业有关，如行业资讯等；1/3 与个人有关，如生活趣事等；剩余的 1/3 才是软广告。

#### 2. 频率稍低，避免刷屏

很多人对于刷屏的广告都有抵触心理，如果你经常在微信朋友圈发广告，那你很可能会被好友删除或屏蔽，那就得不偿失了。所以你要注意适当降低自己发广告的频率。

#### 3. 控制内容长度

文字不需要太长，短小精悍、观点鲜明、生动有趣的内容更能引发互动。不要只把微信朋友圈当成展示自我的平台，要引导好友积极互动，如评论、私聊、点开文章等，这样才能创造沟通机会，增进彼此的信任。

#### 4. 精简品类、降低客单价，促进冲动消费

微信朋友圈中的交易行为经常是冲动消费。为了促进用户冲动消费，你需要把握以下两个关键点。

（1）精简产品品类。减少用户做选择的机会，让用户集中精力只了解一两种产品，打造出单品"爆款"。

（2）控制客单价。产品的客单价太高，一般销量都不太好。建议将客单价控制在 200 元以内。客单价越高，试错成本就越高，用户购买的时候就越犹豫；客单价越低，用户购买的时候考虑越少，越容易冲动。

#### 5. 巧妙联系热点

作为运营者，每当看到热点新闻、视频或者一些巧妙的营销活动时，要善于联系自己，试着让自己的产品和这些热点之间产生联系和碰撞，以产生更多创意。将热点作为自己产品的传播载体，更容易引起用户关注，使自己的产品信息"引爆"朋友圈。

#### 6. 提高专业度

哪怕前面的 5 个技巧都没有做好，但能够提高专业度，依然可以获得广泛认

可。例如，从事幼儿早教行业的人，首先要把自己塑造成幼儿教育专家，需要偶尔在微信朋友圈分享幼儿教育相关的深度观点，解答相关问题。这样，大家在有早教需求时，就会想到朋友圈有这样一个非常专业的人，会第一时间过来咨询，这就是用专业度打造了一个很好的个人品牌。

**课堂讨论**

你认为微信朋友圈推广运营还有哪些好方法？请你把它们分享给小组成员。

# 3.3 微信公众号的运营

## 3.3.1 注册并设置微信公众号

### 1. 注册微信公众号

搜索"微信公众平台"，如图 3-9 所示。单击进入"微信公众平台"官网首页即可注册，如图 3-10 所示。个人开通微信公众号一般建议选择的账号分类为订阅号。（如果想用微信公众平台做宣传推广服务、发表文章，建议选择订阅号，订阅号不收费；如果想用微信公众平台进行商品销售，建议选择服务号，后续可付费认证并申请微信支付商户。）

图 3-9 搜索"微信公众平台"

图 3-10 微信公众平台官网首页

注意事项如下。

① 新注册的个人微信公众号没有留言功能，可先运营一段时间，熟悉微信公众号的运营之后，再考虑是否付费开通留言功能。

②一个身份证号只能注册一个微信公众号。

**2. 选择垂直细分领域，对微信公众号进行前期设置**

想要运营微信公众号，首先需要对微信公众号进行定位。例如，你是想做旅行摄影、价值观、穿搭、情感、健身，还是养生方向？你需要提前确定好方向。你不能今天发旅行内容，明天发养生内容，那样用户会摸不着头脑，进而对你的微信公众号失去兴趣。

如何进行定位呢？最好选择自己擅长的方向。如果没有特别擅长的方向，你可以选择一个你喜欢的领域，不断学习，开始一个不断输入再输出的过程。

目前在各大领域，头部微信公众号已经很多，因此想要运营好微信公众号，机会主要在垂直细分领域。例如，你想做一个旅行类微信公众号，你可以只做大学生穷游攻略的内容，这样就更有针对性，用户群体就更明确。

确定微信公众号定位后，你就可以设置微信公众号的头像、名字，并进行排版等操作。

**课堂讨论**

你如果运营微信公众号，会选择哪个垂直细分领域？请你把它们分享给小组成员。

### 3.3.2　内容运营

微信公众号的内容运营主要是指以图片、文字、音频、视频等形式，采用创作、采集、编辑等手段生产内容来满足用户的需求，达到吸引并留住用户、为产品或品牌带来商业转化的目的。

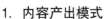

**1. 内容产出模式**

（1）**原创**。原创是独立完成的创作。歪曲、篡改他人创作或者抄袭、剽窃他人创作而产生的作品不属于原创，改编、翻译、注释、整理他人已有创作而产生的作品亦不属于原创。微信公众平台很早就推出了原创保护机制，保护原创作者的合法权益。

（2）**转载**。微信公众号运营者只依靠自身原创，工作压力会比较大，他们通常会转载一些其他原创作者创作的，且与自己定位相符的内容，正确的转载流程如下。

如果该微信公众号中已经注明了明确的转载格式，按照要求转载即可；如果没有找到转载声明，可以在微信公众号的后台或者评论区留言提出转载需求，等待回复；如果想要转载的内容没有注明原创作者或其联系方式，可以通过百度、搜狗等平台搜索关键词，查找原创作者的微博、知乎、微信、QQ等联系方式，争取拿到原创作者的授权，这既是对原创作者的尊重，也是规避后期的版权纠纷的行为。获得转载授权后，微信公众号会在通知中心收到可以转载的消息提醒。

（3）**约稿**。约稿是约请特定的作者撰写某一特定内容的稿件。如果运营团队自身不具备某个类别的内容创作能力，可以主动向擅长创作该内容的作者约稿。

约稿和转载不同，约稿需要和作者达成长期合作关系。约稿时对作者持平等、热情的态度，明确组稿意图和写作要求，尽量帮助作者解决写稿中的问题和实际困难，对不同的作者采取不同的约稿方法。需要注意的是，不能轻率约稿，约到稿件后要尽量采用，要广交朋友，组建一支作者队伍。

### 2. 内容创作技巧

#### （1）选题技巧

① 用户需求。你通过与用户接触，收集用户的高频困惑、感兴趣的问题。

② 搜索查询法。你可在百度知道、百度经验、知乎等平台上搜索相关关键词，查看关注度、热度较高的相关问题，获取选题灵感。

③ 曼陀罗思考法。这是一种图形化的思考和记录方法。就其形态来看，曼陀罗生活笔记共 9 个区域，形成能诱发潜能的"魔术方块"。运营者利用它可开发创意，使创作灵感不断产生。

例如，运营主题为"青岛旅游加美食"的微信公众号，首先，在曼陀罗九宫格中把"青岛"和"美食"作为关键词放在中间，向外扩展 8 个联想词，曼陀罗思考法如图 3-11 所示。

| 极地海洋世界 | 五四广场 | 奥帆中心 |
| --- | --- | --- |
| 八大关 | 青岛 | 栈桥 |
| 第一海水浴场 | 金沙滩 | 鲁迅公园 |

| 家常菜 | 小吃 | 烧烤 |
| --- | --- | --- |
| 火锅 | 美食 | 甜点 |
| 食谱 | 减脂餐 | 西餐 |

图 3-11　曼陀罗思考法

然后，从"美食"九宫格中随意挑选出一个词，再从"青岛"九宫格中随意挑选一个词，两个词结合在一起，就能组合出一个新的选题。结合"第一海水浴场"和"烧烤"就可以得出"去第一海水浴场边洗海澡边吃烧烤"的选题；结合"奥帆中心"和"西餐"就可以得出"青岛奥帆中心附近西餐哪家强"的选题。

填写曼陀罗九宫格时不要受任何限制，可以发动大家的力量，一起想出更多有创意的词语，通过这 8 个关键词联想到更多的关键词，用这些关键词组合出更多有趣的选题，就不愁没有创意了。

④ 热点话题搭载法。热点新闻广受关注，是天然的传播载体。学会"蹭热点"对微信公众号运营者来说非常重要，一般来说要从产品的成分、功效、外观、历

史、代言人等角度寻找与热点新闻的结合点，"蹭热点"时要蹭得自然一点儿，不能牵强和低俗。

常用的发现热点的渠道有百度风云榜、新浪微博热门话题榜、抖音热榜以及网易新闻、今日头条等新闻类门户网站。

⑤ 借鉴延伸法。借鉴阅读量大的爆款文章标题，不失为一个非常好的选题技巧。微信公众号运营者可以从横向、深向、纵向3个维度进行延伸扩展。

横向：思考出同类型、类似的选题。

深向：对该选题继续深挖，思考出更有深度和高度的选题。

纵向：与其他选题进行碰撞，思考出跨界的选题。

例如，针对爆款文章《开拓孩子的眼界，这5部纪录片比环球旅行更有用》，如何进行借鉴延伸呢？下面我们一起试试。

横向："6部经典纪录片，让孩子长知识""用7部纪录片开拓孩子的眼界""6部经典纪录片，给孩子一生难忘的回忆"。

深向："开拓孩子的眼界，除了旅行，还可以做什么"。

纵向："开拓孩子的眼界，推荐这5本绘本"。

### 动手练一练

请你使用曼陀罗思考法进行创意选题。

1. 选择两个关键词，绘制两个九宫格。

2. 给两个九宫格填词。

3. 从两个九宫格中各挑选3个关键词，组合出3个创意选题。

### （2）内容创作类型

确定好选题后，接下来就要确定具体的内容创作类型。目前，内容创作类型主要有以下7种。

① 教程型

教程型文章可以教会用户某种技能或帮助用户解决某个问题，主打实用价值。好的教程型文章会得到用户自发的转发和收藏，并吸引用户长期关注该账号。例如，增强PPT、Word、Excel等职场类办公软件使用技能的文章即可作为教程型文章。

② 故事型

故事型文章的常见题材为历史人物和事件，或者当下社会知名人物的成长经历、机构的发展、流行文化的起源和发展过程等。小说类、传记类、报道类、历史类等文章经常使用讲故事的方式吸引用户，诙谐幽默的讲解方式一般更能引发用户点赞与转发。

③ 观点型

观点型文章是大多数原创作者主要的内容创作类型，它传递着原创作者的个人立场和价值观。一般这类文章结合热点更容易引起用户讨论和转发。所以，观点型文章是比较受用户欢迎的，也是"蹭热点"最常见的一种内容创作类型。

④ 整合型

与观点型文章传递个人立场和价值观不同，整合型文章中主观判断较少，更多的是搜集整理而来的某一类与主题相关的内容。这种类型的文章常用于推荐好物，如推荐日用百货、服饰搭配、护肤化妆品等。

⑤ 广告型

广告型文章可以促进用户产生购买行为，以此达到赢利目的。目前比较常见的广告型文章有"硬广"和"软广"两种。其中，"硬广"一般是直接介绍相关产品，而"软广"要结合某一种类型的载体，如教程或故事等，巧妙植入。

⑥ UGC 型

UGC（User Generated Content，用户原创内容）型文章主要是引导用户参与和讨论，主要是引导用户在评论区进行留言，而用户查看此类型的文章时也主要是查看文章后的留言。这类账号往往评论比内容更精彩。

⑦ 资讯型

资讯型文章主要是向用户传达信息，这类文章在企业、机构、学校等类型的账号中比较常见。这些账号主体发布的内容一般是活动介绍、事件通知及政策传达。

需要注意的是，一篇文章并不是只能有一种类型，它有可能同时涵盖两种类型。例如，有的广告型文章也会引导用户参与和讨论，这既是广告型文章，又是UGC 型文章。

**（3）素材搜集和整理技巧**

确定选题和内容创作类型后，接下来开始收集、整理素材。素材的收集和整理有以下常用技巧。

① 建立自己的素材库

有些微信公众号运营者习惯临时写内容、找配图、找背景音乐和视频，但是每次找素材都会浪费很多时间，大大增加了时间成本。因此，建立属于自己的素材库是比较好的、方便快捷的方法。

② 了解常见的素材收集网站

常用的高清图片收集网站有全景网、LibreStock、站酷、花瓣网等。常见的GIF 动图搜集网站有 Goldenwolf、GIPHY、狐图网、堆糖网等。这里需注意的是，如果图片、文字等素材涉及版权问题，要注意查看其使用说明。

内容收集常用的网站有搜狗微信搜索、新榜等，这两个网站会提供微信热搜文章，也会提供热点推荐。微信公众号运营者在根据热点写文章时可以搜索借鉴这两个网站的内容。同时，微信公众号运营者可以去微博、简书、豆瓣、知乎等网站搜索文字类素材，还可以去今日头条、网易新闻等网站搜索新闻热点。

③ 掌握常见的素材创作工具

为了规避风险，寻找素材不如自己创作素材，自己创作的素材无需担心版权问题。例如，自己可以拍摄图片，且现在的图片后期处理工具功能很强大，用手机就可完成精美图片的拍摄和处理。常用的素材创作工具有 PPT、美图秀秀、创客贴等。

**动手练一练**

建立自己的素材库。

1. 去花瓣网收集 5 张时装搭配素材图。
2. 去堆糖网收集 5 张美食动图。
3. 自己用手机拍摄 5 张风景图，地点不限，可适当美化图片，并将其加入自己的素材库。

### 3.3.3 用户运营

微信公众号的运营价值取决于用户数量和用户价值两个方面。用户运营工作主要分为 4 个方面：拉新、促活、留存、转化。

扫一扫

拉新是增加用户数量，促活是让留下来的用户活跃起来，留存是把新增的用户长久地留下来，转化则是让用户付费，实现营收——它们都是为了提升用户价值。

**1. 增加目标用户数量**

**（1）通过多个平台引流**。很多微信公众号都会活跃在一些开放式的平台中，使自己被大家知道，从而给自己的微信公众号带来流量。

知乎就是一个很好的平台，除此之外，还有官方网站、简书、豆瓣、微博、小红书、今日头条、抖音、快手等平台。你可以多去这些平台发布一些信息，持续产出优质内容，这会给你的微信公众号带来持续的流量。

**（2）通过老用户获得新用户**。通过老用户获得新用户的方法主要有拼团和裂变两种。

很多微信公众号在销售课程或产品的时候，都会设置 3 人拼团即可享受优惠价格，这样老用户在购买时就会向自己的亲朋好友推荐，他们可能会成为新用户。

裂变的一种常见方式是群裂变。用户如果想要获取该微信公众号提供的某个优质资源，需要先将一段文字和带二维码的海报分享到朋友圈，并且要保留一段时间。朋友圈或微信群的人看到海报后，可能会扫码关注微信公众号。重复上述流程，你可以不断获得新用户，这就形成了裂变传播。

**（3）通过微信公众号之间的合作增加用户数量**。微信公众号互推原创，以吸引新用户。微信公众号在发布一篇原创文章后，如果想把该原创文章授权给其他微信公众号进行推送，可以让对方在其底部显示文章来源，用户点击文章来源可直接查看原创作者的微信公众号。很多喜欢该文章风格的用户会沿着这个路径去关注原创作者。

微信平台禁止以利益交换为目的、有恶意营销性质的微信公众号的互推行为，但如果运营者在文章中诚意推荐或趣味联动，则并不违规。

 **课堂讨论**

你还知道哪些增加目标用户数量的方法？请你把它们分享给小组成员。

### 2. 提高用户活跃度

（1）**及时回复评论**。及时回复评论可以加强运营者与用户的联系，提高用户的参与热情。用户看到有趣的评论和回复后，会增加对这个微信公众号的好感。有些微信公众号运营者会在留言区耐心地为用户答疑解惑，让用户的需求得到满足，从而提高了用户黏性和活跃度。

（2）**及时给予奖励**。一些微信公众号为了鼓励用户留言、生产内容，会给用户一定的奖励。例如，很多微信公众号经常在图文结尾处附上福利，鼓励用户留言，承诺在其中挑选出较为用心的用户送出礼物，图 3-12 所示为鼓励用户发布评论。这可以提高用户的活跃度。

（3）**鼓励用户投稿**。鼓励用户投稿既可以减轻微信公众号运营者的原创压力，又可以提高用户的参与度，满足用户的表达欲望，使用户得到稿费，这是提高用户活跃度的好方法。

（4）**建立社群**。建立社群，让有共同爱好的用户互动，既可以满足用户的社交需求，也可以提高用户的活跃度。

（5）**让用户添加运营者的个人微信号，加强联系**。用户添加运营者的个人微信号后，运营者可以与用户互动、为用户答疑解惑，用户会对运营者产生好感和信任感，从而增强其黏性。

（6）**引导用户将微信公众号"设为星标"**。与普通微信公众号相比，星标微信公众号是用户的心头好。因为其处于页面的顶端，用户关注它和打开其文章的概率会更高，所以及时引导用户将微信公众号"设为星标"是提高用户活跃度非常好的方法。图 3-13 所示是将微信公众号"设为星标"。

图 3-12　鼓励用户发布评论　　图 3-13　将微信公众号"设为星标"

**课堂讨论**

你还知道哪些提高用户活跃度的方法？请你把它们分享给小组成员。

### 3. 留住用户

（1）**引导用户进入微信社群**。引导用户进入微信社群后，对社群中的用户进行持续运营可以更好地留住用户。

（2）**定期或者不定期地举办活动**。一个职场技能培训类型的微信公众号要举办提高用户活跃度和留住用户的活动，"送书""送视频课"等活动肯定是效果较好的，后续用户的留存率也较高；如果这个微信公众号采用"送玩偶""送抱枕"的活动，虽然也有吸引力，但是吸引的用户不精准，后续不可避免地会出现用户流失。

（3）**提高服务质量**。微信公众号运营者通过绘制用户画像可以了解用户具体有哪些需求，从而通过提供优质的服务来满足用户的需求，同时也能吸引更多类似的用户关注本微信公众号。

 **课堂讨论**

你还知道哪些留住用户的方法？请你把它们分享给小组成员。

### 4. 实现用户付费转化

实现用户付费转化的主要方法有内容转化、口碑转化、限时优惠转化、福利转化和社群转化 5 种方式。

（1）**内容转化**。图 3-14 所示为通过文章内容实现付费转化，这是实现付费转化最常见的一种方式。例如，某美妆类微信公众号每次推送的文章中或者末尾都会链接与文章主题相关的商品进行导购。这种方式最快、最直接，可以保证较为稳定的用户付费转化。此外，这种方式能够让用户感受到你的内容是有干货的，可以增加用户的信任度。

（2）**口碑转化**。在用户眼里，软广告和硬广告写得再好，他们也会将信将疑，不敢下单。但如果文章中展示了一些使用过产品的用户的真实评价，那就是最好的广告方式了。使用过产品的用户与运营者看似没有直接利益关系，其评价会让其他用户更容易相信。

图 3-15 所示为通过用户口碑实现付费转化。口碑转化常见的方式有两种：一是直接在文章中加入使用过产品的用户的评价；二是让使用过产品的用户写文章展示因使用产品而获得的好处。

（3）**限时优惠转化**。"双 11""双 12""618"等电商节之所以能创造很高的销售额，主要原因就是使用了限时优惠，让用户觉得再不买就涨价了，从而促进了用户的冲动消费。运营者在微信公众号的运营上也可以采用相同的方法。常见的限时优惠有"限时打折""阶梯涨价"等。图 3-16 所示为通过限时优惠实现付费转化。

（4）**福利转化**。在销售产品的时候，赠送用户一些额外的福利，用户会觉得物超所值，付费意愿会增强，图 3-17 所示为通过福利实现付费转化。

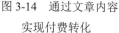

图 3-14　通过文章内容
实现付费转化

图 3-15　通过用户口碑实现付费转化

图 3-16　通过限时优惠实现付费转化　　图 3-17　通过福利实现付费转化

（5）**社群转化**。将用户引流到相应的社群中，与用户频繁互动，可以提高用户对群主的信任度，能够更有针对性、更有效地实现营销转化。目前，付费社群营销的平台也逐渐增多，如知识星球、饭团等。

### 知识拓展

#### 如何提高用户付费转化率？

数据分析中有一个很知名的数据分析模型——漏斗模型。通过该模型，运营者能够很直观地看到用户在每一步的流失情况。图3-18所示为漏斗模型。

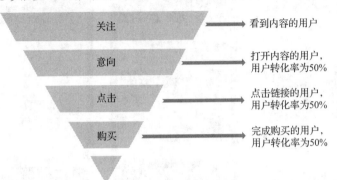

图3-18　漏斗模型

把每一步的用户转化率假设为50%（在真实情况下，每一步的转化率其实远远低于50%），可以得出最终的转化率为50%×50%×50%=12.5%。也就是说，每1000个人中最终只有125个人完成了购买。为了减少用户流失，运营者需要精简流程、加快购买环节跳转速度、简化购买步骤等，促进用户下单。

###  课堂讨论

你还知道哪些实现付费转化的方法？请你把它们分享给小组成员。

## 3.3.4　活动运营

如何通过微信公众号的活动运营，增强用户黏性，是运营者需要用心思考的内容。运营者不仅可以通过微信活动增强老用户的黏性，也可以通过活动传播吸引新用户。微信公众号的活动形式是指活动具体的创意表现形式，主要有投票、邀请好友、发红包、留言抽奖、征文征稿等。

扫一扫

（1）**投票**。投票一般是比赛制，运营者通过安排一些小的奖励，吸引用户参加投票，然后利用微信公众平台自带的投票功能进行拉票，最后根据最终票数决定获奖者，如优秀员工评比、最喜爱的演讲者等。

（2）**邀请好友**。大部分用户参与活动时都想赢取奖品，运营者会要求用户转发活动内容至朋友圈或微信群，邀请好友助力，通过报名用户和其众多好友的关注和转发，达到为微信公众号涨粉的目的。

（3）**发红包**。发红包有助于聚集人气，增强用户黏性，运营者一般会提前预告，并在活动的某个时间点准时发红包。为了有效控制成本，一般红包数量有限，先到先得，抢完即止。

（4）留言抽奖。运营者会准备一个互动话题，鼓励用户在微信公众号推文的留言区留言互动，一般会给用心的留言用户赠送小礼物。这种方式简单易行，有吸引力，用户的参与热情也比较高。

（5）征文征稿。微信公众号运营者会设定主题，诚邀用户进行创作。用户创作的优秀文章一般会在微信公众号中进行发布，运营者会给予优秀创作者一定的稿酬。这类活动的参与门槛较高，适合用户质量较好和用户黏性较强的微信公众号。

 **课堂讨论**

你还知道哪些活动运营的方法？请你把它们分享给小组成员。

# 3.4 微信营销案例

某微信公众号主要关注幼儿成长教育，用户众多，运营得比较成功，得到了家长们的一致认可，打造了一个知名的科学育儿品牌。其运营者是一位早产儿妈妈，曾是知名外企经理，现为全职妈妈。她于 2015 年开创该育儿微信公众号，记录与 28 周早产宝宝一起奋斗的那些欢笑和泪水，跟妈妈们分享她学到的育儿知识，没有生硬的理论，只有在儿科医生指导下亲身实践后产生的心得、用心的育儿记录。

图 3-19 所示为某育儿微信公众号首页，打开该微信公众号首页，分为"精华文章""\*\* 出品""查看团购"3 个模块。"精华文章"模块有幼儿科学养育文章、父母成长文章等；"\*\* 出品"模块有课程和畅销书等；"查看团购"模块有绘画系列商品，图 3-20 所示为某育儿微信公众号的店铺。该运营者也开通了视频号，曾在视频号中发表演讲"点亮孩子热爱之光"，图 3-21 所示为某育儿微信公众号的视频号。

图 3-19　某育儿微信公众号首页

图 3-20　某育儿微信公众号的店铺

图 3-21　某育儿微信公众号的视频号

该微信公众号的日常发文大部分是科学育儿文章，高质量的输出得到了家长的认可，几乎每篇文章的阅读量都为 5 万多人次，爆款文章的阅读量甚至高达 10 万多人次；其中自然穿插了课程和团购活动，家长因为认可该微信公众号，从中获益了，也比较乐于接受其推荐的产品，该微信公众号自然就实现了商业变现。

该微信公众号的商业变现是非常成功且自然的。

该微信公众号的运营者曾经说，第一篇推广文章发出去后，心里还是挺忐忑的。尽管推广的产品真的是自己的孩子使用过而且非常喜欢的，也是自己非常认可的品牌，但大家的反应还是让该微信公众号运营者非常惊喜，该篇文章不仅点赞数很高，而且开团的呼声也很高。这让该微信公众号运营者非常感动，感动于这份信任，同时也让该微信公众号运营者深刻明白，自己只有做得更好才能回馈这份信任。

关于微信公众号的商业化运营，该微信公众号运营者一直觉得"商业"两个字是中性的，在进行商业化运营的过程中，要时刻提醒自己当初开始的原因。该微信公众号运营者相信大部分微信公众号运营者，包括自己在内，开始运营微信公众号时一定都是有一些情怀的，这些情怀是非常宝贵的，不管今后走多远，是否商业化，都需要时刻提醒自己不忘初心。带着这份初心上路，即使开始了商业化运营，微信公众号运营者也可以问心无愧，而且用户也会接受和喜欢。

## 任务实训

### 实训 1　使用热点话题搭载法，创作微信公众号热点标题

🎓　**实训目标**

创作热点标题。

🎓　**实训内容**

使用热点话题搭载法，创作出热点标题。

🎓　**实训要求**

使用本章所学的热点话题搭载法，去抖音热榜、新浪微博热门话题榜、今日头条等新闻类门户网站查看热点话题，创作热点标题。

🎓　**实训步骤**

（1）去抖音热榜寻找热点话题，创作出相关的热点标题。

（2）去新浪微博热门话题榜寻找热点话题，创作出相关的热点标题。

（3）去今日头条寻找热点话题，创作出相关的热点标题，下表所示为热点标题表。

热点标题表

| 序号 | 平台 | 热点话题 | 热点标题 |
|---|---|---|---|
| 1 | 抖音热榜 | | |
| 2 | 新浪微博热门话题榜 | | |
| 3 | 今日头条 | | |

### 实训 2  使用借鉴延伸法，创作微信公众号"爆款"标题

**实训目标**

创作"爆款"标题。

**实训内容**

使用借鉴延伸法，创作出"爆款"标题。

**实训要求**

使用借鉴延伸法，从横向、深向、纵向 3 个维度思考，创作出 3 个"爆款"标题。

**实训步骤**

（1）在自己喜爱的微信公众号上寻找一个"爆款"标题。

（2）在这个"爆款"标题的基础上，横向思考并创作出一个标题（横向：思考出同类型、类似的选题）。

（3）在这个"爆款"标题的基础上，深向思考并创作出一个标题（深向：对该选题继续深挖，思考出更有深度和高度的选题）。

（4）在这个"爆款"标题的基础上，纵向思考并创作出一个标题（纵向：与其他选题进行碰撞，思考出跨界的选题）。

## 思考与练习

**一、判断题**

1．微信个人号的营销价值主要体现在以下 3 个方面：建立个人品牌、促进产品销售、维护客户关系。（      ）

2．微信公众号的营销价值主要体现在以下 5 个方面：信息入口、客户服务、电子商务、调研、品牌宣传。（      ）

3．微信个人号能够体现人设的区域在于这 3 个地方：昵称、签名、头像。（      ）

4．朋友圈的内容类型可分为以下 3 种，可以根据具体需要在朋友圈中穿插着发布："鸡汤"、干货、推荐。（      ）

5. 鼓励用户投稿既可以减轻微信公众号运营者的原创压力，又可以提高用户的参与度，满足用户的表达欲望，使用户得到稿费，这是提高用户活跃度的好方法。（　　）

## 二、单项选择题

1. 微信公众号的内容产出模式不包括（　　）。

　　A. 原创　　　　B. 约稿　　　　C. 转载　　　　D. 抄袭

2. 微信公众号的内容创作类型不包括（　　）。

　　A. 教程型　　　B. 故事型　　　C. 搞笑型　　　D. 观点型

3. 常用的素材创作工具不包括（　　）。

　　A. PPT　　　　B. 美图秀秀　　C. 花瓣网　　　D. 创客贴

4. 用户运营工作不包括（　　）。

　　A. 地推　　　　B. 拉新　　　　C. 促活　　　　D. 转化

5. 增加目标用户数量的方法不包括（　　）。

　　A. 通过老用户获得新用户

　　B. 通过多个平台引流

　　C. 用好的服务质量留住用户

　　D. 微信公众号互推原创，以吸引新用户

## 三、简答题

1. 微信公众号提高用户活跃度的方法是什么？

2. 微信公众号留住用户的方法是什么？

3. 微信公众号实现用户付费转化的方法是什么？

4. 微信公众号如何提高用户付费转化率？

5. 微信公众号的活动运营有哪些方式？

# 第 4 章

# 微博营销与运营

 **学习目标**

- √ 认识微博营销
- √ 掌握微博内容的创作流程
- √ 掌握微博运营推广的方法
- √ 掌握微博商业变现的方式
- √ 理解微博营销案例

 **学习导图**

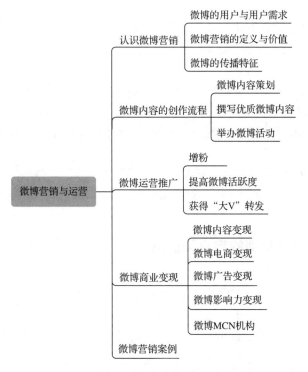

　　这里说的微博，是指时下的热门新媒体平台新浪微博。本章将重点讲解微博营销、微博内容的创作流程、微博运营推广、微博商业变现，以及微博营销案例等，以帮助读者快速认识和掌握微博营销与运营。

# 4.1 认识微博营销

## 4.1.1 微博的用户与用户需求

### 1. 微博的用户

微博的月活跃用户一直在稳定增长，2021年微博月活跃用户超过5亿人。与别的流量平台相比，微博用户偏年轻化，以23～30岁的用户为主，其次是18～22岁的用户。微博的用户群体十分广泛，包括知名艺人、企业高管、"网红"和普通大众等。在微博的"95后"用户中，大专及本科以上学历用户占大多数。

扫一扫

### 2. 微博的用户需求

微博用户在泛娱乐领域的活跃度很高，主要活跃在电视剧、综艺、明星、时尚、美妆、萌宠等领域，主要有以下用户需求。

（1）**公共信息获取**。微博的信息传播有自己的特点，如时效性、丰富性等。微博常常会比其他渠道更快地提供突发事件的信息，来自事件当事人或现场的第一手资料可以无中介地直接送达微博用户。

（2）**自我记录与表达**。自我记录与表达也表现为个体的形象塑造。微博可用于记录生活点滴、心情、感悟，为人们的形象塑造提供了不同的手段，更有利于展示个人生活的多姿多彩。

（3）**社会关系与社会资本**。"围观"名人，与名人近距离对话，成为很多用户留在微博的理由，同时也是很多人扩展社会关系的一种方式。此外，人们通过名人这一话题，可以和其他粉丝建立更为多样的互动，粉丝之间的社会关系也得以加强。

（4）**信息与知识的积累、归档**。对于部分用户来说，微博是他们进行信息与知识积累的平台。他们分享、收藏的很多信息，日积月累，可以形成重要的知识库或资料库。

## 4.1.2 微博营销的定义与价值

### 1. 微博营销的定义

微博营销指运营者以微博作为营销平台，利用微博内容，联合其他微博账号与用户互动，或者发布用户感兴趣的话题，让用户主动关注并传播自身品牌的产品信息，从而达到树立良好品牌形象的目的。

扫一扫

### 2. 微博营销的价值

对于企业和个人来说，微博营销的价值包括以下5个方面。

（1）**品牌推广**。微博营销可以快速聚合用户关注度，提升品牌知名度；与用户形成情感共鸣，提升品牌好感度；扩大品牌传播范围，宣传新产品和服务。

（2）**用户维护**。微博营销通过内容、活动触达用户的同时，还可以一对一地进行用户维护，提高用户的满意度。

（3）**市场调查**。微博用户数量巨大，且每个用户都有其兴趣领域标签，方便运营者进行低成本、高效率的市场调查。

（4）**危机公关**。在微博平台上，涉及知名企业的产品质量、信用问题等会迅速登上热搜。在微博上进行快速有效的危机公关，不仅能将危机带来的危害降到最低，甚至能将危机转化为重塑企业形象的一次机遇。

（5）**闭环电商**。企业通过微博营销获取一定数量的粉丝后，可以在微博平台上发布产品推文，植入产品的购买链接，在粉丝购买后实现商业变现。

### 4.1.3　微博的传播特征

微博有着独特的传播特征，具体表现为传播主体大众化、信息传播更高效、交流结构具有开放性、热点话题更受关注、信息传播与社交有机结合。

（1）**传播主体大众化**。每个用户发布的信息通过粉丝、话题得到曝光，并随着转发得以大范围传播，形成了信息的去中心化传播。

同时，微博平台也通过各种产品机制的设置，组织各类活动，不断鼓励用户创作，进一步激发用户的表达欲望，让他们从"旁观者"变成"当事人"，形成了"人人即媒体"的传播格局。

（2）**信息传播更高效**。微博传播具有很强的时效性。在很多热门事件中，微博成为很多人进行现场播报的新媒体平台。因为微博内容发布的实时性，很多时候对于突发新闻、社会热点事件而言，微博成为信息传播的"主战场"。

（3）**交流结构具有开放性**。微博既能保证以个人为中心，又可以将外界的信息随时随地吸收进来，更容易形成持续刺激，使用户处于兴奋状态。这对于促进更多的人参与新闻传播而言也是很重要的。微博的转发非常简单、方便，这是其开放性的另一个表现。

（4）**热点话题更受关注**。基于微博话题的模式，在聚合的话题中，用户可以快速查看相关话题内容，进一步引发创作和讨论。同时，参与人数较多的话题会登上"热搜榜"，热搜排名的上升，能够进一步促进话题的传播。

热点话题的产生得益于 KOL（Key Opinion Leader，关键意见领袖）。由于微博的用户关注机制，具有较大粉丝量的 KOL 会成为传播中的关键节点，他们可以迅速扩大信息传播范围，促进信息广泛传播。

（5）**信息传播与社交有机结合**。微博以人际关系网络为传播网络，传播结构开放、信息流动容易，因此，一旦微博中出现了刺激性的或者与用户关联度很高的话题，这个话题就很容易在微博平台上"引爆"，以病毒式的扩散路径传播，迅速成为公共话题。

微博还有聚焦度高的特征。微博在一开始就设置了评论的功能，这使得围绕一个话题的聚焦及深度讨论在微博中也能实现。评论成为微博内容的重要构成部分，在某些时候，它们的影响甚至比事实性信息更大。

### 知识拓展

#### 微博与微信朋友圈的传播模式的比较

（1）微博的"大圈子"与微信朋友圈的"小圈子"。从整体上来说，微博平台就是一个大圈子，一个话题可以迅速传遍整个大圈子，并且围绕这个话题形成多种信息与意见交流。在这个大圈子中，经过一定的博弈，会形成话语权的差序格局。博弈中产生的KOL在信息传播以及意见表达中的作用更为突出，但这种权力结构是动态的，经常会因为受各种因素的影响而发生变化。

微信朋友圈由难以计数的小圈子组成。虽然从理论上来说这些小圈子之间相互关联，但毕竟小圈子之间还有一道无形的"墙"。信息虽然可以越过这些"墙"流入小圈子，但反向的信息与意见反馈却很难实现，因此信息流相对单一。在微信朋友圈的交流中，话语权相对平等，微信朋友圈更关注情感连接，对于话语权的关注相对较少，因此人们的关系会更为稳定、持久。

（2）微博的"求异"与微信朋友圈的"求同"。在微博的大圈子里，用户要凸显自己的价值，需要多表现个性与差异。差异会被人们强化、放大，并且成为博弈的重要手段。

微信的一个重要作用是维系小圈子中的关系。因此在微信朋友圈中，人们更倾向于保持关系的稳定与和谐。在观点表达上，人们更倾向于求同，差异往往会被人们有意忽略或掩盖。

（3）微博的开放与微信朋友圈的封闭。微博从功能上保证了转发路径的公开与清晰可辨，从原创到每一次转发的链条，都可以直观感知。微博的评论内容是对所有用户公开的，不同用户的评论可以形成参照，这为公开的社会交流提供了基础。

微信朋友圈虽然保留了转发功能，却隐去了转发路径。因此，一条信息在朋友圈里的传播轨迹是难以辨识的。微信提供的是一个封闭的评论系统，只有互为好友的用户才能看到彼此在同一条信息下的评论。从隐私保护的角度来看，这样的设置不无道理。这样的评论设置主要发挥的是私人社交的功能，而不是公共讨论的功能。

综上所述，微博中的信息传播是在一个开放的系统中进行的，信息在微博上流动时，用户也在快速地展开对该信息的补充、对抗、辨识等；而微信是一个相对封闭的系统。微信朋友圈虽然也可以变化，但其结构是相对稳定的。尽管人们在现实中有较大的差异，但微信朋友圈更多强调同质性。

# 4.2 微博内容的创作流程

## 4.2.1 微博内容策划

好的微博营销，一定是内容为王，依托于对内容的深耕优化。输出内容时，首先确定好领域，不要频繁地改变主题，如果一段时间发布美妆相关内容，另一段时间又发布旅游相关内容，粉丝会找不到你的主题，无法进行持续关注。所以，一旦选择好了领域，就不要轻易改变，做好一直输出该领域内容的准备。

扫一扫

### 1. 4 种内容打造爆款微博

（1）**干货**：有自己原创内容的"硬核"知识，可吸引爱学习的粉丝。

（2）**热点**：对各种热点，从自己专业定位的角度进行解读。

（3）**美图**：有"颜值"，同时又能传递信息的图，如书的美照、风景照。

（4）**推荐**：直接晒好物，开展活动宠粉。

### 2. 3 种方向打造爆款微博

（1）**有趣**。微博主要偏向娱乐，如果你的博文比较有趣，通俗易懂，多半会得到粉丝的青睐。现在很多官方微博也不再是冷冰冰的样子了，都会用幽默通俗的语言来接近粉丝。

（2）**有用**。有用主要指发布干货类垂直内容，它可以快速塑造专业价值和产品认同。

（3）**有利益**。有利益，如进行转发抽奖，简单直接，可以让粉丝直接参与进来。

### 3. 微博内容准备

（1）**建立选题库**。运营时间一长，很多人就不知道更新什么内容了，或者不断更新重复的内容，再或者断更，这都是因为没有建立选题库。所以你平时可以多关注同行，多拆解同行发布的内容。同行做的某个选题成为爆款了，你也可以跟着去做；还有就是多关注热搜，多跟热搜"蹭流量"。这样选题才会源源不断，而且受欢迎。

（2）**建立素材库**。有了选题，你还需要准备很多素材，如知识、金句、故事、图片、视频等。运营者要想做好微博营销，平常要注意观察身边的各种事件、网上的热点事件，阅读和收集各种资料和图片，建立素材库，以便在需要的时候调用。毕竟只凭关键词搜索，有可能无法在网上找到自己以前看过的内容。

**课堂讨论**

请你开通一个微博账号，并思考要选择哪个领域作为自己微博内容的方向。

### 4.2.2 撰写优质微博内容

什么样的微博内容才算优质呢？肯定是那些能够促进用户不由自主地转发以及能吸引新的粉丝的内容。要想撰写出优质的微博内容，运营者首先要了解哪些内容在微博平台是有吸粉特质的，然后从中选择适合自己输出的内容。下面详细介绍如何撰写这4种爆款微博。

扫一扫

**1. 干货**

干货之所以受欢迎，主要是因为它有实用性，能够帮助用户解决某一方面的问题，用户会觉得这些内容对他有价值。

目前，微博平台上的干货内容主要分为3类：专业内容科普、实践经验分享、合集分享。

专业内容科普有一定的专业门槛，需要由有一定专业背景的人撰写。例如，医学常识、心理健康咨询、健身等知识由比较专业的人去撰写才更具有说服力。

实践经验分享要求分享人拥有一定的实践经验，这样才能写出既实用又能让用户产生共鸣的内容，如美食、美妆、穿搭、收纳整理教程等日常生活类的内容。

合集分享要求分享人拥有一定的用户基础，合集内容覆盖范围较广，如著名电影合集、美味零食合集、职场人必看书籍合集等。

那么，如何增加干货的可读性和传播性呢？

（1）九图干货。九图干货在微博上是非常好用的内容发布方式。因为统一的图片风格不仅能给用户带来强烈的视觉冲击力，而且相对视频来说更直观，更容易传播，图4-1所示为九图干货。

九图干货一般包含以下两个特点：视觉统一，能够吸引用户的注意力；信息清晰，图片的主题和具体信息文案的重点突出。

（2）长文干货。长文干货对运营者的专业度要求非常高。好的长文干货是非常吸粉的，它需要有一个好文章封面。运营者应

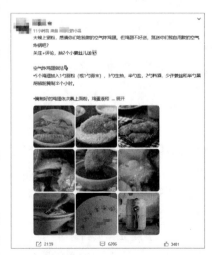

图 4-1　九图干货

该在封面用"主题＋文案"的形式概述整篇文章的重点内容，这样做更容易让用户了解长文的关键信息，增加其阅读长文的兴趣。

（3）**短视频干货**。目前，短视频无疑是微博平台非常好的干货发布形式之一。它的优点在于可以更加清晰地表达细节，尤其是教程类的干货，图4-2所示为短视频干货。运营者发布短视频时要注意以下两点。

① 视频封面。一个好的视频封面可以提高视频的打开率。

② 视频时长。微博故事的时长要小于1分钟，微博视频的时长一般为3～5分钟，运营者要注意视频的完播率。

（4）**问答干货**。问答干货相较于前3种干货更有针对性，吸引的用户更精准，图4-3所示为问答干货。运营者发布问答时要注意以下两点。第一点，参与门槛不要过高。参与门槛如果过高，容易影响问答的热度。第二点，话题最好带有一定的讨论性，也可以结合热门话题去设置问答。

图4-2　短视频干货

图4-3　问答干货

### 2. 热点

微博热点是很多用户都在密切关注和跟踪的内容，有时一个热点可引起全网热议。图4-4所示为微博热搜实时排行榜。对运营者来说，跟踪和利用好热点是一个非常有效的提高阅读量和曝光量的途径，可事半功倍。它有如下两个显著优点。

一是培养对热点的敏感度，活跃思维。通过对微博热点内容的跟踪，运营者可以培养自己对微博热点的敏感度，学会更有效地抓住热点。

二是提高用户的阅读量，达到自然涨粉目的。热点是全网都在关注的内容，关注热点很容易拥有爆款流量，引起更多用户关注，从而更容易提高账号的质量，提高账号的权重。

借势热点，运营者不仅需要做到及时、精确，还需要注意寻找高热度的话题。

（1）**及时性**。热点都有时效性，一旦发现热点，需要及时迅速地跟热点。

（2）**精确性**。发布的内容要符合账号定位。如果"乱蹭"一些和自己账号定位无关的热点话题，将会失去部分粉丝。

（3）**寻找高热度**。输出的内容要能引起粉丝的关注。运营者在"蹭热点"的过程中，要设计能引起粉丝关注、转发、互动、点赞动作的内容。好的"蹭热点"内容，会带给粉丝参与和互动的空间。具体操作时可参照以下两点。

① 图文并茂。图文并茂是最吸引粉丝的方式，运营者发布的内容有配图和无配图，对粉丝注意力的吸引程度是不一样的。图4-5所示为有配图和无配图微博对比，有配图的内容引起的互动明显比无配图的内容多，可见合适的配图可以发挥很大的作用。

图4-4 微博热搜实时排行榜

图4-5 有配图和无配图微博对比

② 文案简短。微博的文案不建议写得太长，最好不超过140字，否则用户想要看全文，还需要点击"展开"按钮，增加额外的操作。

**3. 美图**

用户很容易被美图吸引，持续发布美图也是运营微博的一个方向。

（1）**展示才华**。展示才华比较适合有才华的博主，如书法类、手工制作类、绘画类的博主，他们可以展示绘制或制作过程以及成品，图4-6所示为展示绘画过程。

（2）**展示实物**。展示实物时多是展示实物的美图，这也会引起粉丝的极大兴趣。

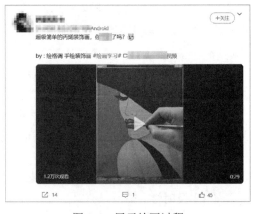
图4-6 展示绘画过程

我们经常看到展示自然风光的图片，这是运营者在用美图吸引用户。运营者坚持发布美图，也能拥有一批忠实的粉丝。图 4-7 所示为展示自然风光。

图 4-7　展示自然风光

### 4. 推荐

推荐是目前微博上"带货力"非常强的一种内容形式。目前，微博上有 3 种比较常见的推荐方式。

第一种是测评推荐。真人测评是最流行的一种测评方式。博主通过真人实测，向粉丝推荐。这种方式提高了内容的可信度。

第二种是教程推荐。教程推荐会让粉丝产生购买博主同款的工具或者产品并跟着教程做就能做出和博主一样的东西的感觉，所以粉丝的买单意愿会比较强烈。

第三种是晒图推荐。晒图推荐与美图非常接近，只是更偏向于"带货"。

推荐类内容能在一定程度上帮助粉丝节省时间。同时，粉丝因为向往博主的生活，所以很愿意买单，越来越多的粉丝需要体验官帮自己筛选好物。

**课堂讨论**

观察微博并查阅相关资料，思考除了以上 4 种受欢迎的微博内容，还有哪些类型的微博内容比较受欢迎，请你把它们分享给小组成员。

**动手练一练**

从干货、热点、美图、推荐 4 种类型中任选两种类型，发布两条微博。

## 4.2.3　举办微博活动

### 1. 常见的 3 种微博活动

前文介绍了如何撰写优质微博内容，拥有了撰写优质微博内容的能力，再举办微博活动，就会事半功倍。举办微博活动的主要目的是涨粉、增强用户黏性、加强宣传。以下是常见的 3 种微博活动。

（1）**有奖转发**。有奖转发是目前最常见的活动形式，粉丝"转发＋评论"或"转发＋提醒好友"就有机会中奖。

（2）**有奖征集**。运营者通过向粉丝征集某一问题的解决方法，给出优质答案的粉丝可获得奖励。常见的有奖征集主题有创意点子、广告语等。

（3）**有奖竞猜**。有奖竞猜是运营者提出谜语或问题，让粉丝猜答案，最后揭晓谜底或答案并抽奖。有奖竞猜包括猜文字、猜价格、猜结果等方式。

 **课堂讨论**

观察微博并查阅相关资料，思考除了以上 3 种微博活动，还有哪些类型的微博活动比较受欢迎，请你把它们分享给小组成员。

**2. 选择活动举办时间**

要想找到一个合适的活动举办时间，运营者需要具备敏锐的洞察力。在"双12"这个电商平台必争的时间点，如果输出有价值的内容，无论是对品牌曝光还是对产品销售都将产生积极的影响。

如果某品牌选择在"双 12"当天举办微博活动，无疑要去和众多品牌进行流量争夺，是没有竞争优势的。而利用逆向思维选择在"双 12"结束后的第二天开展活动，可以巧妙地错峰。

利用大家冲动"剁手"后逐渐恢复的理智，来一次暖心福利补贴，给"吃土"人士一次"回血"的机会，不仅可以树立温暖的品牌形象，也可以收获满满的好评。

**3. 举办创意活动，让用户被你牢牢吸引**

微博活动的成功绝大部分取决于奖品和玩法的完美配合，二者缺一不可。

通常，在预算受限的情况下，奖品不可能特别重磅，那如何让大家对奖品产生兴趣呢？这时候创意就变得尤其关键。创意奖品和创意玩法的结合可以让活动在现有条件下发挥出最大的价值。

（1）**创意奖品**。奖品的选择不在于价格，而在于噱头是否足够让粉丝产生兴趣。有时候送一部手机可能还没有送一卡车西瓜让人振奋。因为手机太常见，而一卡车西瓜却让人感到惊奇，情不自禁地想要凑热闹"围观"。所以制造噱头是设置奖品的首要任务。

（2）**创意玩法**。有了好的奖品，如何物尽其用，将奖品优势发挥到极致呢？如果说奖品是糖果，那么创意玩法就是好看的包装纸，是让用户第一眼就被吸引并参与进来的关键。如何让玩法更有趣呢？

分析奖品的特点，寻找结合点；观察用户的喜好，站在用户的角度进行创意思考；对自己微博账号的性质进行判断，防止创意太过跳脱，与账号气质不符；定下基本数据目标，时刻准备根据目标进行机制调整。

### 4. 邀请"蓝V"转发，扩大活动影响

"蓝V"是隐藏的流量池，是扩大活动影响最坚实的助推之力。

一个好的活动仅仅依靠平台自身还远远达不到较大影响，你需要来自背后的力量——品牌联动。多品牌的联动，多个渠道的发声，可以让活动更具影响力。这样的联动方式，确保了用户无论是通过平台自身传播还是"蓝V"引流，都能关注该品牌，这有利于用户从"路人"成为粉丝，实现粉丝流量的互导，也在无形之中为各品牌增加了品牌接触点。

 **动手练一练**

从有奖转发、有奖征集、有奖竞猜3种类型中任选一种类型，举办一次微博活动。

## 4.3 微博运营推广

微博运营推广主要包括增粉、提高微博活跃度、获得"大V"转发等。下面分别进行介绍。

### 4.3.1 增粉

#### 1. 快速获得首批粉丝

运营者开通微博账号后，与亲朋好友互相关注，增加微博互动，是微博运营前期常用的增粉方式。此外，运营者还可以通过好友推荐的形式来增粉。

#### 2. 通过关注同好人群增粉

有共同喜好的人群会有自己的圈子，在微博上，这群人往往会互相关注。例如，喜欢篮球的人不仅会在微博上发布篮球类的内容，还会去关注篮球类的微博账号。此时，被关注的人很可能会反过来关注这位用户。一个比较典型的例子就是一个篮球队的球迷之间会互相关注，不仅如此，他们还会组织线下球迷聚会。

微博的一个重要功能是用户可以对关注的人设置分组，分组后可以只查看某个分组的微博。对于特别重要的人，用户也可以设置"特别关注"，以便快速地找到他发布的内容。

#### 3. 通过原创内容增粉

在微博平台上输出高质量的原创内容，可以实实在在地有效增粉，这种方式属于"内容营销"的范畴。

#### 4. 通过活动增粉

低门槛、有趣、有奖品的微博活动比较受欢迎，如发起话题讨论活动、转发抽奖活动、动手制作活动等，增粉较快。

### 5. 通过已有平台引流增粉

微博平台上有很多"大V"，他们刚开始运营微博就吸引了大量粉丝。这些粉丝基本上都是该"大V"在其他社交平台上的粉丝，如微信、豆瓣、贴吧等。以微信为例，运营者可通过在微信推文中植入微博的账号信息、自定义菜单、自动回复等方式进行引流。

### 6. 通过外部平台引流增粉

运营者通过外部平台进行曝光，可实现快速增粉，具体有以下几种方式。

（1）**视频和直播平台**。运营者可在简介中输入自己的微博账号引导粉丝关注，还可在直播中通过活动的形式引导粉丝关注自己的微博账号。

（2）**问答平台**。在知乎、百度知道、分答等问答平台中，回答者往往会在简介或答案中植入自己的微博账号信息，从而实现引流增粉。

（3）**其他网站**。自媒体人通过撰稿的形式在各种网站上发布文章，利用优质文章吸引用户，为微博账号增粉。果壳网、虎嗅网、今日头条等都可以实现微博引流。

### 7. 通过合作增粉

如果一个微博账号的粉丝数量较少，其发起的活动通常反响平平、收效甚微。这时，运营者可以和粉丝数量较多的"大V"合作，借助"大V"发起活动并为自己增粉。这种方式能给合作双方都带来益处。

### 8. 通过线下活动增粉

开展线下活动，如公司内训、高校培训、线下分享会等，也是一种非常好的增粉方式。运营者在线下活动开始前如果做好充足准备，给参加活动的成员留下良好的印象，那么在活动结束时，留下自己的微博账号，就会有许多人来关注你的微博账号，而且这些粉丝的互动度和忠诚度较高。通过这些忠诚粉丝的分享，你会获得更多粉丝。

 **课堂讨论**

> 观察微博并查阅相关资料，思考除了以上8种微博增粉方式，还有哪些微博增粉方式，请你把它们分享给小组成员。

### 4.3.2　提高微博活跃度

提高微博活跃度主要有以下几种方式。

（1）**多发微博，提高账号本身的活跃度**。多发布有趣的内容、有用的干货，以提高微博账号的活跃度。

（2）**多与粉丝互动，增加博文的曝光量**。看到精彩的评论可以转发，让粉丝感受到你对他的重视；经常到忠实粉丝的微博下面进行评论，增进和粉丝之间的感情。

扫一扫

（3）引导粉丝之间互动。运营者可以引导粉丝之间互动，提高粉丝群体的活跃度。

（4）通过话题，增加博文转发量，增加博文曝光量。这一般是蹭热点话题，引发讨论和转发。

（5）提供干货内容及其下载途径。经常提供有用的干货内容及其下载途径可以获得粉丝的欢心。

（6）有奖活动。举办抽奖活动，赠送小礼品，提高粉丝的参与热情，活跃微博账号。

不论是企业微博还是个人微博，存活的重要条件都是从粉丝出发，满足粉丝的需求。

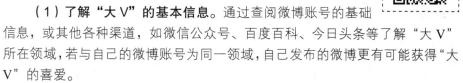

 **动手练一练**

从本小节所讲的 8 种提高微博活跃度的方式中任选 3 种，发布微博。

### 4.3.3 获得"大 V"转发

获得"大 V"青睐，得到他的转发，会增强你的微博账号的影响力。

扫一扫

**1. 找到合适领域的"大 V"**

找到合适领域的"大 V"有以下两个方面的技巧。

（1）了解"大 V"的基本信息。通过查阅微博账号的基础信息，或其他各种渠道，如微信公众号、百度百科、今日头条等了解"大 V"所在领域，若与自己的微博账号为同一领域，自己发布的微博更有可能获得"大 V"的喜爱。

（2）了解"大 V"的互动习惯。观察"大 V"的更新频率、活跃时间段，观察他是否经常与其他用户互动，互动的方式是怎样的，是点赞、转发，还是直接推荐，弄清楚他分别会点赞、转发或直接推荐什么样的微博内容。

**2. 与"大 V"形成良好的互动关系**

与找到的"大 V"形成良好的互动关系有以下两个技巧。

（1）长期与"大 V"互动，成为"大 V"的铁粉。

（2）在"大 V"有宣传需求时，帮助"大 V"点赞、转发、评论等，为其进行宣传。

**3. 获得"大 V"转发的技巧**

获得"大 V"转发有以下两个技巧。

（1）经常给"大 V"的话题微博写有质量的评论，一般会引发"大 V"的转发。

（2）给"大 V"发私信。对于关注你的"大 V"，运营者可以通过私信方式，先有礼貌地问问他对于你这条博文的意见，再问一下他是否可以帮忙转发。

 **课堂讨论**

1. 观察微博并查阅相关资料，思考除了以上8种提高微博活跃度的方式，还有哪些方式可提高微博活跃度，请你把它们分享给小组成员。

2. 观察并查阅相关资料，思考还有哪些方式或技巧更容易获得"大V"转发，请你把它们分享给小组成员。

 **动手练一练**

练习获得"大V"转发的技巧（不一定会得到"大V"转发，只是一种练习），在本周内经常给自己喜爱的一个或多个"大V"写有质量的评论。

 **素养课堂**

某地曾经举办过一次"沃爱生活杯"燕赵红微博大赛，利用微博宣扬红色文化、庆祝建党90周年的形式，受到网友追捧，有效增强了青年人对我党的情感认同。在这股"红色浪潮"里，我们发现大学生参与的积极性很高，思维也很活跃，带着一股青春的朝气，几乎每天都有数百条红色博文在这些年轻人手中诞生。作为当代大学生，了解我们的历史，知晓革命伟人的事迹，懂得我们现在的幸福生活来之不易，应该珍惜，并应更加努力奋斗，以此来缅怀那些为之付出生命的先烈们。

## 4.4　微博商业变现

微博商业变现主要分为微博内容变现、微博电商变现、微博广告变现、微博影响力变现和微博MCN（Multi-Channel Network，多频道网络）机构5个方面。

### 4.4.1　微博内容变现

在微博平台上，很多博主提供了相当专业的内容，这些内容本身具有高价值的特点。因此，微博平台也提供了相应的功能，让这些高价值的内容可以得到回报，如付费问答和内容打赏等。

扫一扫

#### 1. 付费问答

付费问答让博主和粉丝之间的互动方式更丰富，内容更有针对性，粉丝可以向博主提出自己感兴趣的问题，博主可以挑选自己愿意回答的问题。粉丝提问并支付成功后，博主就会收到问答提醒。博主回答后即可获得该问题的收益，同时该粉丝会收到博主已回答的通知。如果博主 7 天之内未回答，费用将会退回提问粉丝的账户中。另外，博主回答问题后，其他粉丝如果同样对该问题感兴趣，支付 1 元即可"围观"博主的回答。开通付费问答的方法如图 4-8 所示，点击"创作中心"—"付费问答"，开通回答收益和提问收益即可。

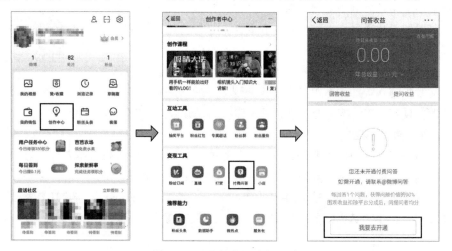

图 4-8　开通付费问答的方法

### 2. 内容打赏

和微信公众号的文章打赏一样，微博文章除了付费阅读功能，还有打赏功能。

开通内容打赏的方法如图 4-9 所示，点击"打赏"—"打赏设置"，在"打赏通用设置"页面中设置即可。

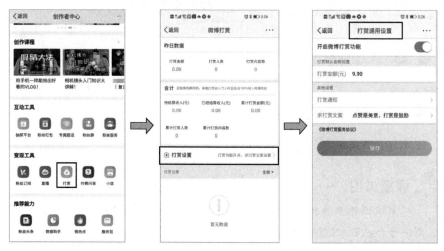

图 4-9　开通内容打赏的方法

博主在输出优质文章后，可以在文章末尾引导粉丝对自己的文章进行打赏。

付费问答和内容打赏这两个功能都可以实现知识付费，但是对博主的知识水平和输出质量要求较高。

### 4.4.2　微博电商变现

微博作为一个优质的信息曝光平台，很多博主都会选择在发布的博文中巧妙自然地加入淘宝／天猫、京东等的外部链接，这样可以使用户通过点击链接直接跳转到店铺中去，形成良好的店铺引流。

微博账号可以不断积累粉丝，当粉丝到达一定数量后，在微博文章中植入软广告可以实现粉丝变现。微博一般有 5% 的粉丝是忠实粉丝，而且他们具有一定的购买力，维护好忠实粉丝，微博电商变现就会更容易。

#### 1. 微博小店

微博电商变现最重要的工具之一就是微博小店，博主可在微博内容中巧妙地加入淘宝、京东、拼多多等电商平台的产品链接，从而赚取成交产品的佣金。

开通微博小店的方法如图 4-10 所示，点击"小店"—"去绑定"，在"PID 管理"页面中进行设置，选择合适的电商平台（淘宝、京东、拼多多、有赞、小电铺等）。

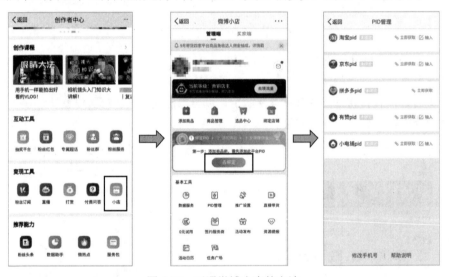

图 4-10　开通微博小店的方法

 **课堂讨论**

观察微博并查阅相关资料，思考如果你要开通微博小店，你会选择哪些电商平台（淘宝、京东、拼多多、有赞、小电铺等），并说出这样选择的原因，请你把它们分享给小组成员。

#### 2. 微博电商变现的常见方式

微博电商变现有以下几种常见方式。

（1）**发布干货，同时带上相关产品链接，转发加评论可抽奖。**图 4-11 所示为发布干货，是某美食达人发布的微博。该博主以转发加评论可抽奖的方式，提高粉丝参与的积极性。

（2）**预热直播间，关注加转发加评论可抽奖送礼品。**预热有利于信息的提前告知，预热直播间如图 4-12 所示，提前发布与产品相关的优惠信息，引起用户的观看和购买兴趣。预热一般会提前 3 ～ 5 天开始，预热时间太长容易导致用户流失。

图 4-11　发布干货

图 4-12　预热直播间

（3）**发布测评，同时进行产品推荐。**测评类的内容是非常受用户喜爱和关注的，因为直接的产品效果更容易让用户产生信任。发布测评如图 4-13 所示。

（4）**发放优惠券，进行产品推荐。**优惠券也是非常吸引用户的，发放优惠券如图 4-14 所示。很多用户平时看好一款产品不会马上下单，在有优惠的时候会更容易下单购买，优惠券则会进一步刺激用户下单。

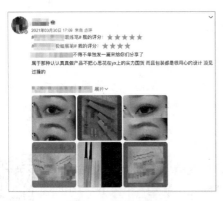

图 4-13　发布测评

图 4-14　发放优惠券

观察微博并查阅相关资料，思考除了以上 4 种微博电商变现方式，还有哪些有效的微博电商变现方式，请你把它们分享给小组成员。

### 4.4.3　微博广告变现

**1. 微博广告变现的 3 个关键要素**

博主想要实现广告变现，或者吸引广告主来投放广告，有如下 3 个关键要素需要注意。

扫一扫

（1）**账号归属领域受欢迎，带货能力较强。**比较受欢迎的领域有美妆、母婴、美食、萌宠、健身等，这些领域的账号大多粉丝黏性比较强，带货和变现能力比较强。

（2）**微博内容垂直性强，风格鲜明。**内容垂直性高、风格鲜明的账号更能够吸引广告主来投放广告。

（3）**账号的 IP，即人设特征明显，粉丝黏性强。**人设特征明显、粉丝黏性强的账号更能够吸引广告主来投放广告。

**2. 微博广告共享计划**

微博广告共享计划是微博的一个扶持政策。用户只要浏览博主的文章，微博就会给予博主广告补贴，这是博主在广告、电商、内容付费之外的又一收入来源。

"流量为王"这 4 个字在微博广告共享计划中体现得淋漓尽致。只要微博账号的粉丝量达到 1 万人，过去 30 天内阅读量累计达到 100 万人次就能开通微博广告共享计划。开通微博广告共享计划后，博主在微博发的每一段文字（包括文章和单纯的微博帖子），只要有人阅读，就能产生收入，而且阅读量越大，收入越高。

**3. 微任务平台**

为了防止发布的微博内容被屏蔽，微博官方推荐博主在发布广告时，使用微博的官方推广平台——微任务平台（只有账号的粉丝量达到一定水平，目前是 1000 以上，才能使用微任务平台）。博主报价后，广告主可以根据需要选择投放与否。同时，广告主也可以通过微任务平台了解博主的带货效果。

观察微博并查阅相关资料，思考自己的微博账号是否具有广告变现的 3 个关键要素，如果没有，需要提高的点有哪些，请你把它们分享给小组成员。

### 4.4.4　微博影响力变现

扫一扫

影响力和信任感有关，而使用户产生信任感最快的方式之一就是打造 IP。例如，某销售口红的"网红"就是一个大 IP，他的直播卖货非常火爆，如果他没有影响力，那么根本就不会有用户去围观和购买，这就是影响力的作用。

### 1．IP 代言变现

博主有一定的影响力之后，就会有很多品牌合作机会。品牌方会找到博主，邀请其为品牌代言，博主就有了利用自身影响力进行变现的机会。图 4-15 所示为 IP 代言变现，该图展示了该"网红"为某影视城代言的博文。

### 2．IP 产品变现

博主有一定的影响力之后，不仅可以通过代言变现，还可以实现自有产品变现。某知识类微博视频号通过推荐自有品牌书籍来实现影响力变现，IP 产品变现如图 4-16 所示。

图 4-15　IP 代言变现

图 4-16　IP 产品变现

个人品牌的打造不是一日之功，需要长时间的优质输出，才有机会实现影响力变现。此外，还有一些其他变现方式，如投稿变现、周边文创变现、多平台分发变现等。变现不是一蹴而就的，每一次变现的实现，都是市场对博主能力的认可。

 **课堂讨论**

1．观察微博并查阅相关资料，寻找两个微博 IP 代言变现的例子，请你把它们分享给小组成员。

2．观察微博并查阅相关资料，寻找两个微博 IP 产品变现的例子，请你把它们分享给小组成员。

### 4.4.5　微博 MCN 机构

内容创作机构成为微博 MCN 机构后，可获得微博的专属资源和政策倾斜，并通过持续运营，不断扩大旗下账号矩阵的规模和活跃度，增强自身品牌的影响力，提升其商业价值，并帮助微博 MCN 机构成员在微博提高知名度和增强影响力。

**1. 微博 MCN 机构入驻及资质要求**

在 PC 端登录微博账号，找到申请入口，填写申请信息和上传相应资料即可。

① 申请者应是实体公司或机构，且主账号须为微博认证账号。

② 机构旗下自运营或线下签约合作运营至少有 5 个以上阅读量不低于 10 万人次的微博账号。

资质审核通过后，申请者距离成为正式微博 MCN 机构还差一步，还需要根据相应条件去申请资源扶持，申请成功才能成为正式微博 MCN 机构，也才能享受相应的资源扶持。

作为微博的合作机构，垂直 MCN 机构接入的时候，会由微博垂直领域的业务运营方进行统一对接并提供服务。

**2. 入驻微博 MCN 机构可获得的资源扶持**

博主加入微博 MCN 机构可以获得各项专属服务（包括官方身份、专员对接、成员管理等）、各项专享功能特权、优质资源包，还可以优先参与更多商业变现计划。目前，博主入驻微博 MCN 机构之后，可以在后台获取的扶持资源主要有以下 3 种。

① 粉丝头条，即可以在机构所属的对应领域内匹配到一定数量的粉丝头条资源，用于机构成员进行投放，帮助其推广和宣传微博内容。

② 官微转发，即可以在机构所属的对应领域内匹配到一定数量的微博官方账号，用于帮助机构成员曝光微博内容。

③ 视频流，即微博视频官方会匹配一定量级的视频流资源给机构成员，用于帮助机构成员曝光视频内容。

此外，微博 MCN 机构旗下博主实现账号变现相对来说更加系统和持续。微博 MCN 机构与微博之间可以产生更多的合作机会，为博主争取更多的资源扶持和曝光。

**3. 成员邀请**

成员邀请不受领域限制。机构自营账号或签约合作账号，互为好友，该成员未加入任何其他机构，即可加入微博 MCN 机构。

**4. 如何才能获取扶持？**

资质审核刚通过时，机构处于无扶持的状态，无法使用资源管理、数据管理、广告管理、成员权益管理、内容管理五大模块。

旗下账号满足某一领域或某一内容方向的接入标准后，即可点击"我的资源"—"资源来源"申请相应扶持，只要满足扶持标准即可申请多方扶持。

① 垂直领域扶持说明。机构在单一领域月均阅读量大于 10 万人次的旗下成员达到 5 个，即可申请，且旗下现有及后续加入的该领域成员均可享有垂直领域扶持。

② 电商扶持说明。机构须与微博电商线下洽谈签约。

③ 视频扶持说明。机构拥有至少 2 个发布原创视频的微博账号且视频数均大于 4 条，其中至少有 1 条视频播放量大于 10 万次，即可申请扶持，且旗下现有及后续加入的成员满足原创视频数大于 4 条的成员均可享有视频扶持。

# 4.5 微博营销案例

某美妆博主，粉丝众多，作为 KOL，其影响力、带货转化力一直在不断增强。该美妆博主能够收获 500 多万名粉丝的喜欢，绝不仅仅是因为赶上了新媒体发展这班快车。对内容的布局、粉丝的运营以及品牌建设的规划，都是她成功的原因所在。该美妆博主对内容的态度执着而细腻。她并非国内第一个在网上教人化妆的 KOL，但她是第一个坚持输出原创并手把手教"小白"化妆的 KOL。例如，她的"基础化妆教程"系列直到现在还在更新。

该美妆博主认为内容的价值体现在它持续的影响力和生命力上，而不是体现在它的表达形式上。因此，在内容上，该美妆博主有自己一直坚持的原则。例如，她会抵制无价值的美妆内容，坚持干货的输出，让粉丝树立正确的"剁手观"。例如，在创作上，她始终坚持每周更新 6 次的节奏，能在做热门内容的同时，沉下心做系列化、篇目式的内容。

图 4-17 所示为某美妆博主微博内容，该图展示了该美妆博主微博精选、微博博文和微博视频的部分内容。

图 4-17　某美妆博主微博内容

在前期的发展中，美妆博主们基本都是"单打独斗"，力量单薄。不过早在 2015 年 1 月，该美妆博主就开始团队化运作了。因为有了团队，队员之间的分工更加明确，时间利用率也提高了，这为保证内容的创新和团队的可持续发展奠定了基础。除此之外，该美妆博主在短视频上的布局也让她成功走在了别人前面。

商业变现直接关系到一个内容团队的生死存亡，对该美妆博主团队来说也不例外。目前，该美妆博主团队的内容变现渠道主要是广告，服务的广告主包括宝洁、雅诗兰黛、欧莱雅、香奈儿等诸多品牌。在谈到服务广告主有没有什么独特经验的时候，该美妆博主表示，他们的推广目的就是让用户了解产品的特色和卖点，她会运用种草、测评、视频、直播等丰富的形式，满足用户对内容的需求和增强用户黏性。该美妆博主团队在服务广告主的同时也尽可能服务每一位关注她的用户，寻找两者间的平衡点，让广告主的产品被更多用户知道并且喜欢，是他们做商业推广的初衷。

# 任务实训

## 实训　为一个美食类微博账号制定商业变现方案

### 🎓 实训目标
学习微博运营，学会制订商业变现方案。

### 🎓 实训内容
为一个美食类微博账号制订商业变现方案。

### 🎓 实训要求
填写表 4-1，为一个美食类微博账号制订商业变现方案。

### 🎓 实训步骤
（1）浏览微博，找一个自己喜爱的美食类微博账号。

（2）根据本章所学，为该美食类微博账号制订商业变现方案（选择性填写下表）。

表 4-1　微博商业变现表

| 序号 | 方面 | 方案 | 如何执行 |
| --- | --- | --- | --- |
| 1 | 微博内容变现 | | |
| 2 | 微博电商变现 | | |
| 3 | 微博广告变现 | | |
| 4 | 微博影响力变现 | | |

## 一、判断题

1. 微博有着独特的传播特征，具体表现为传播主体大众化、信息传播更高效、交流结构具有开放性、热点话题更受关注、信息传播与社交有机结合。（      ）

2. 4 种内容打造爆款微博：干货、热点、美图、视频。（      ）

3. 3 种方向打造爆款微博：有趣、有用、有笑点。（      ）

4. 运营时间一长，很多人就不知道更新什么内容了，或者不断更新重复的内容，再或者断更，这都是因为没有建立选题库。（      ）

5. 微博传播具有很强的时效性。在很多热门事件中，微博成为很多人进行现场播报的新媒体平台。因为微博内容发布的实时性，很多时候对于突发新闻、社会热点事件而言，微博会成为信息传播的"主战场"。（      ）

## 二、单项选择题

1. 微博博文干货不包括（      ）。

    A．趣事干货　　B．九图干货　　C．长文干货　　D．短视频干货

2. 借势热点不需要做到（      ）。

    A．精确性　　　B．故事性　　　C．及时性　　　D．寻找高热度

3. 常见的 3 种微博活动不包括（      ）。

    A．有奖推荐　　B．有奖转发　　C．有奖征集　　D．有奖竞猜

4. 举办微博活动的主要目的不包括（      ）。

    A．涨粉　　　　　　　　　　B．增强用户黏性

    C．促活　　　　　　　　　　D．加强宣传

5. 微博运营推广不包括（      ）。

    A．增粉　　　　　　　　　　B．提高微博活跃度

    C．获得"大 V"转发　　　　D．博主互推原创，吸引新用户

## 三、简答题

1. 微博增粉的方法有哪些？

2. 提高微博活跃度的方法有哪些？

3. 微博内容变现的方法有哪些？

4. 微博电商变现的常见方式有哪些？

5. 微博广告变现的方法有哪些？

# 第 5 章

# 社群营销与运营

 **学习目标**

- √ 认识社群营销
- √ 掌握组建社群的方法
- √ 掌握社群营销技巧
- √ 掌握社群变现
- √ 了解社群营销案例

 **学习导图**

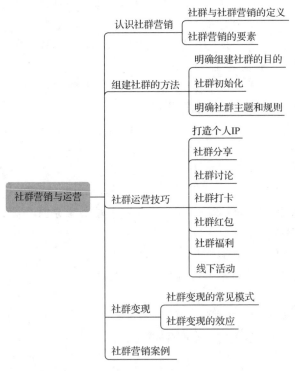

　　本章将重点讲解社群营销、组建社群的方法、社群运营技巧、社群变现，以及社群营销案例等，以帮助读者快速认识和掌握社群营销与运营。

# 5.1 认识社群营销

## 5.1.1 社群与社群营销的定义

随着移动互联网的快速发展，线下与线上已基本融为一体，用户可通过移动互联网随时随地进行互动交流，突破传统的时间、空间等的限制，多元化的移动终端和应用服务使社群功能得到延伸，社群价值得到放大。

### 1. 社群是什么

社群是由有共同爱好、共同需求的人组成的群体，有内容，有互动，有多种形式。社群实现了人与人、人与物之间的连接，拓展了营销和服务的深度，建立起了高效的会员体系，增强了品牌影响力和用户归属感，为企业发展赋予了新的驱动力。

无论是对于内容创造者，还是对于行业领域"大 V"、企业来说，社群都是其接触用户、了解用户的最佳方式之一。如果单纯地依靠图文内容，与用户的互动则略显单调；依靠音视频、直播，又存在一对多的麻烦；而如果直接通过社群来进行用户留存、促活，不仅可以更好地与用户进行互动交流，还可以基于社群进行内容产出，提升用户体验，使内容的创作与分发同步进行。

### 2. 社群营销是什么

社群营销是在网络社区营销及社会化媒体营销基础上发展起来的用户连接及交流更为紧密的网络营销方式。

### 3. 常见的社群形式

常见的社群形式有微信群、QQ 群、论坛、百度贴吧等。图 5-1 所示是百度贴吧中的一些社群。

图 5-1　百度贴吧中的一些社群

## 5.1.2 社群营销的要素

社群营销对于商家来说是非常重要的，因为商家可以在社群中进行产品的推广，这可以有效地提高产品的销量。社群营销的要素主要有 5 个，分别是同好、结构、输出、运营、复制。下面分别进行介绍。

### 1. 同好

同好是指有共同爱好的人，同好是社群建立的前提。

同好决定了社群的性质，如某品牌折扣群就是因为大家都对同一个品牌有好感才形成的。

### 2. 结构

社群结构主要有两个组成部分，一个是成员结构，另一个是社群规则。

社群是有生命周期的，并不是所有的社群都可以长期存活，有些社群会慢慢地变成"死群"，而社群慢慢地变成"死群"的主要原因就是运营者没有做好社群的结构规划，这里说的结构规划主要包括成员结构规划（社群中的成员角色）、社群规则规划（加入社群的条件、社群管理规范、社群的文化等）。社群的结构规划得越好，社群存活的时间就越长。

### 3. 输出

社群输出主要指的是社群输出有价值的内容。

如果一个社群每天输出的内容毫无意义，输出的内容让人无法认同，那么这个社群必然是不能长久存活的。所以，输出对于社群来说非常重要，做好内容的输出，才能让社群变得更加活跃。

### 4. 运营

运营决定了社群的寿命。社群运营得好，社群的寿命自然就会更长；反之，社群运营得不好，社群的寿命自然就短。商家对社群的运营主要指的是加强社群成员对社群的仪式感、参与感、组织感，以及归属感。

### 5. 复制

复制在这里指的是扩大社群的规模，从一个社群变成多个结构和作用相同的社群。

例如，一个微信群最多可容纳 500 人，运营者需要考虑的是，当群成员越来越多时，超出微信群可容纳人数的群成员要怎么办。这就需要对社群进行复制了，另创一个微信群，以容纳新的群成员，把第一个微信群成功的运营方式复制到新微信群中。

## 5.2 组建社群的方法

### 5.2.1 明确组建社群的目的

运营者要明确组建社群的目的，它是后续开展一切社群活动的初衷。如果一个社群既能满足群成员的某些价值要求，又能带给运营者一定的回报，这个社群的存在就有意义，经过运营，也

扫一扫

能继续存在下去。

一般来说，组建社群的常见目的有以下几种。

### 1. 销售产品

很多人组建社群的目的是销售产品。例如，某一个社群的群主主要分享手工改造娃娃的经验和产品，分享结束后接受相关产品的预订。这种基于经济目的的社群，反而有着强大的生命力，因为做好群成员的维护，就可以促使老用户再次下单。

### 2. 提供服务

一部分社群的组建是为了提供服务。例如，在某一个为培训网课提供日常服务的社群中，所有的群成员都会点击社群中发布的直播链接进入直播间听课学习；此外，培训类书籍的作者也会被安排在社群中给大量的学员进行答疑。

### 3. 拓展人脉

一部分社群的组建是为了拓展人际资源，人际资源型社群尤其要明确定位。例如，某人际资源型社群的定位是"不断走出自己的舒适区，突破自己的认知领域，多跟优秀的陌生人做朋友，向他们学习"，所以该社群在招募时只招陌生人入群。

### 4. 发展兴趣

还有很多社群，其成员是基于读书、学习、跑步、艺术等爱好而聚在一起的，其主要目的是吸引一批有着共同兴趣爱好的人，构建一个共同爱好者的自留地，在群内分享干货或者学习成果，或者相约一起外出参加兴趣活动等。

 **素养课堂**

> X米手机曾取得了"不花一分钱广告费，第一年卖100万部。"的营销战绩，这靠的就是社群营销。X米手机社群营销的成功关键在于它有一群热爱X米手机的忠实粉丝，X米手机社群懂得抓住核心粉丝群体，借力社会化媒体进行内容营销，和用户建立起了连接关系，并通过讨论的形式，让用户拥有参与感，在讨论的同时，也更加了解了产品，从而为后续的转化铺路。

### 5. 增强品牌影响力

出于打造品牌的目的而组建的社群，旨在和用户建立更紧密的关系，而并非简单的交易关系，以实现在交易之外的情感连接。社群的规模大了，影响力就增强了，对品牌宣传就能起到积极作用。

 **课堂讨论**

> 查阅相关资料，思考组建社群的目的还有哪些，请你将它们并分享给小组成员。

### 5.2.2 社群初始化

社群初始化是至关重要的,它主要包括选择组建社群的平台、社群的拉新和社群的涨粉。

#### 1. 选择组建社群的平台

社群的组建一般都要依托一定的平台,这个平台可以是论坛、QQ、微信、贴吧等,也可以是大规模开放在线课程学院,如 MOOC 等。平台的选择要从社群的定位和需求出发,主要考虑以下两个方面。

（1）**从平台使用功能的角度选择**。社群运营的主流平台是 QQ 和微信。一般来说,当群成员数量不多的时候两者都可以选择,但是如果群成员众多,QQ 就比较占优势了,因为微信群的群成员数量上限是 500 人,QQ 群的群成员数量上限是 2000 人,而且 QQ 群有群文件、群视频、禁言等多种管理功能,有利于社群的管理。

（2）**从用户使用习惯的角度选择**。目前,QQ 和微信的活跃人数差别不大。但是使用 QQ 的人群呈现年轻化的特点,以"00 后"居多。由此可见,选择平台时应考虑用户的年龄等因素。

#### 2. 社群的拉新

社群从无到有,是整个社群运营的关键。获得社群的第一批成员有以下 3 种方式。

（1）**将亲朋好友拉入社群**。将自己的亲朋好友拉入社群是最容易实现的,而且亲朋好友对自己很信任,能给自己提供热情的帮助。例如,他们会将社群分享给自己的朋友,继续帮助社群增加成员。

（2）**线上拉新**。例如,在某些相同领域的微博热评中,找到共同爱好者,逐个进行邀约,或者通过线上主题分享会,吸引参会者进入社群。

（3）**线下拉新**。线下拉新的方式主要有地推,进群送礼品。例如,销售母婴用品的社群,可以去儿童娱乐场、妇幼保健院、早教中心等拉新。

#### 3. 社群的涨粉

社群涨粉有以下 5 种技巧。

（1）**找相似社群换粉**。加入相似社群,丰富个人资源。相似社群的成员一般都是有共性的,比大流量池中的用户更加精准。

（2）**问答社区**。在知乎、悟空问答等平台中搜索相关的关键词问题,然后结合自己的经验回答问题。你也可以根据自己写的内容提出问题,如用小号提问,然后用大号回答。无论采用哪种方式,都要在末尾加入引导用户进入社群的话术。

（3）**借力视频网站**。在抖音、美拍、秒拍等短视频平台中选择和自己的社群相关的领域,然后定期、定量上传视频,引导忠实粉丝进入社群。

（4）**精准广告**。社群引流并不是随随便便拉几个人进群就可以了,而是要通过一定的广告宣传,吸引感兴趣或有相应需求的人主动入群。所以,广告需要有较高的精准度和质量,最起码需要指出是为哪类人服务或者可以给他们带来什么。

（5）**解决痛点**。解决用户的痛点是引流的最高境界。例如，在母婴群，母亲关心最多的就是孩子的问题，很多新手母亲在养育孩子时总是手忙脚乱，如果这时，你整理一些比较实用的与育儿相关的知识，如宝宝辅食等内容分享给她们，就可以帮助她们解决痛点，就会得到她们的信赖，甚至使她们向身边的宝妈进行宣传。

 **课堂讨论**

1. 如果你要运营一个社群，你会选择在哪个平台组建社群？原因是什么？请你把它们分享给小组成员。

2. 查阅相关资料，寻找更多获得第一批社群成员的方式，请你把它们分享给小组成员。

3. 查阅相关资料，寻找更多社群涨粉的技巧，请你把它们分享给小组成员。

### 5.2.3　明确社群主题和规则

除了明确组建社群的目的和进行社群初始化外，运营者还需要明确社群的主题，即在一开始就需要告诉所有社群成员，本社群是做什么的。

在社群招募成员前，运营者必须先制定好社群规则，俗话说"无规矩不成方圆"，特别是在我们要一次性打造多个社群时，社群规则就显得尤其重要，不然有的成员会乱发内容，破坏群里的氛围。

扫一扫

#### 1. 明确社群主题

明确社群主题，就是要让社群成员知道这个社群是用来做什么的，同时需要在社群公告中做出说明。例如，我们建群的主要目的是学习交流、探讨相关领域的知识，或者分享一些优惠打折的产品，这样新成员进群以后会对该社群有一个明确认知，知道这个社群未来会在某方面对自己有一定的帮助，后期就不会轻易退群，这可以保证社群成员的稳定。

#### 2. 明确社群规则

明确社群规则主要是指要求成员发布和社群主题相对应的内容。以母婴社群为例，社群成员应在社群里探讨母婴方面的内容，同时也应明确知道社群内禁止发布广告、拉票等。

 **课堂讨论**

1. 如果你要组建一个社群，你确定的社群主题是什么？请你把它们分享给小组成员。

2. 如果你要组建一个社群，你确定的社群规则是什么？请你把它们分享给小组成员。

## 5.3 社群运营技巧

社群运营需要一定的技巧，常见的社群运营技巧包括打造个人IP、社群分享、社群讨论、社群打卡、社群红包、社群福利和线下活动。下面分别进行介绍。

### 5.3.1 打造个人IP

要想社群存活更久，用户黏性更强，运营者的个人魅力非常重要。运营者可从自身突破，打造个人IP，然后利用它在流量池中引流。各领域的"网红"，不管是美妆、娱乐领域，还是幽默领域，他们前期都会在各大媒体平台上发布文章，目的都是积累粉丝。

扫一扫

当粉丝数量达到一定的水平后，他们就会慢慢开始运营自己的网上店铺，开始销售自己的产品等。简单来说，就是先打造个人IP，然后利用个人IP的影响力去引流。那么如何在社群中打造个人IP呢？

**1. 找准自己的定位，给自己贴标签**

要想打造个人IP，运营者需要将自己塑造成某方面的专家，如果运营的是母婴社群，就把自己塑造成育儿专家；如果运营的是美妆社群，就把自己塑造成美妆达人；如果运营的是购物折扣社群，就把自己塑造成有渠道、有能力的商人；等等。

**2. 日复一日，持续输出**

不要指望在几天之内就得到大部分用户的信任，运营者需要持续不断地输出干货或者为用户提供优质的服务或产品，时间长了，才能得到大家的认可和信任。

---

👤 **知识拓展**

**微信社群运营与微信运营的区别**

（1）微信社群运营。我们一般说的微信社群运营特指微信群运营，通俗来说，就是把用户导流到微信群做相关的运营工作，以达成自己的目标。

（2）微信运营。微信运营范围比较广，包括朋友圈打造、微信公众号运营、微信社群运营、微信好友分级管理等。微信是一个社交工具，也是一个营销工具。与微信好友或者用户建立更好的连接，都属于微信运营的范畴。

---

🔍 **课堂讨论**

请你思考在社群中打造个人IP还有哪些好的举措，并把它们分享给小组成员。

### 5.3.2 社群分享

扫一扫

社群分享是指分享者向群成员分享干货或其他有益的知识，经常进行社群分享会使社群变得比较活跃。运营者要想成功进行社群分享，一般需要经过如下几个环节。

**1. 分享者提前准备分享的话题**

分享者需要提前准备分享的话题，话题应该对群成员有一定的益处，能够吸引群成员参与，而不是纯广告。

**2. 主持人多次通知分享时间**

一旦确定了分享的时间，运营者应该在群里多次通知分享时间。为防止有些群成员因为工作屏蔽信息，错过分享，运营者还可以群发或逐个通知群成员分享时间。

**3. 主持人强调规则**

在分享正式开始前，主持人需要提醒群成员遵守规则，如不能在分享者分享的过程中，发送和分享与主题无关的信息。如果是 QQ 群，主持人可以在发布分享规则时，开启临时禁言功能，避免刷屏，以致分享规则被刷走。

**4. 主持人提前暖场**

在分享即将开始前，主持人应取消禁言，主动说一些轻松的话题，引导群成员们上线，营造友好交流的气氛。

**5. 主持人介绍分享者**

在分享者开始分享之前，主持人需要介绍分享者，讲述分享者的资历等，让大家提前进入倾听的状态。

**6. 分享者鼓励群成员互动**

分享者在分享的过程中，可以设置一些环节，鼓励群成员参与互动。

**7. 主持人随时控场**

在分享者分享的过程中，主持人需要随时控场。这是因为在分享的过程中，有的群成员可能会发布一些与分享无关的内容，对分享造成干扰。

如果是微信群，主持人必须先加群成员为好友，才能私聊提醒。但如果是 QQ 群，主持人不需要加群成员为好友，可以直接通过小窗沟通，必要时可以采用禁言的方式控场，所以选择 QQ 群会更方便。

**8. 主持人引导群成员收尾总结**

分享结束后，主持人可以引导群成员对刚才的分享进行总结，甚至鼓励他们去微博、微信朋友圈等平台分享自己的心得体会。这种总结分享是非常必要的，是社群运营的关键，也是口碑扩散的关键，会将本社群的影响力扩散到群成员的社交圈。

**9. 运营者提供福利**

运营者对在分享过程中表现优秀的群成员给予奖励，会提高群成员下次参与分享的积极性。

### 10. 运营者扩大品牌影响

很多社群虽然举办了分享活动，但是却忽视了宣传品牌，这就导致了品牌口碑的流失。所以运营者应在活动结束后，及时总结活动内容，并将其分享到微博和微信公众号等新媒体平台上，以扩大品牌影响。

 **课堂讨论**

请你思考社群分享还有哪些好的举措，并分享给小组成员。

### 5.3.3 社群讨论

不同于社群分享，社群讨论是指群成员针对一个话题，参与并讨论，通常会得到高质量的答案和输出，经常进行社群讨论也会使社群变得比较活跃。运营者要想成功组织社群讨论，一般需要经过如下几个环节。

扫一扫

#### 1. 讨论开始前的准备

（1）**组建讨论管理组**。讨论开始前，运营者需要组建一个讨论管理组，其成员一般至少有 3 个人，包括组织者、配合人、小助手。

① 组织者需要提出话题，并且要有自己的想法。

② 配合人需要有丰富的经验，配合组织者一起做好本次社群讨论。

③ 小助手需要协助组织者和配合人做一些琐碎的事情，并且需要及时响应，活跃社群氛围，带动社群讨论。

（2）**选定讨论话题**。讨论话题的选定是非常关键的，话题的好坏直接决定了社群讨论是否活跃，因此选定的话题不能太沉重，简单、易讨论、气氛轻松的话题或者当下的热点话题是很受欢迎的。

（3）**选定讨论时间**。组织者需要提前确定讨论时间，并通知群成员。每个问题讨论的时间一般为半小时到一小时。

#### 2. 讨论过程中的控制

组织者根据事先准备的话题顺序，引导群成员讨论问题。在问题讨论过程中，如果群成员对该话题不感兴趣，组织者应快速切换到下一个话题，并根据实际情况延长或缩短讨论时间。

#### 3. 讨论结束后的总结

在社群讨论结束后，组织者应对本次讨论的问题进行总结：如果本次社群讨论很热烈和成功，原因是什么；如果本次社群讨论很冷清，原因是什么，如何改进。通过总结的过程，组织者可以看到本次讨论的优势或不足，为下次社群讨论积累丰富的经验。

### 5.3.4 社群打卡

打卡是社群促活的一种常见活动形式，但是很多打卡活动的效果都不太理想。如何策划一次成功的社群打卡活动？如何让更多的社群成员参与其中？如何尽可能地增加社群成员的打卡次数？

下面将拆解社群打卡的流程。社群打卡流程如图 5-2 所示。

图 5-2　社群打卡流程

#### 1. 敲定活动流程

打卡活动的一般流程如图 5-3 所示。

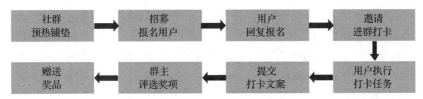

图 5-3　打卡活动的一般流程

决定用户是否参与打卡活动有两个关键因素。

（1）**打卡活动的周期**。打卡活动以 7 ～ 30 天居多，周期太短达不到效果，周期太长用户容易疲倦。打卡活动的周期设置与具体的打卡频率有关，如果每天打卡，那么建议周期短一些，如 7 天，最长 21 天。

（2）**参与活动的门槛**。打卡活动应有一定的参与门槛，如学习内容 10 分钟后，才可以打卡。这样做一方面可以筛选精准用户，另一方面可以通过用户投入的这种沉没成本来调动其打卡的积极性。

#### 2. 打卡设置

打卡设置有 3 个黄金法则。

（1）**第一天打卡一定要简单**。第一天的打卡数多半是最高的，因为从用户的心理来分析，在第一天，用户的新鲜感最强，接下来其积极性是逐步递减的。

所以第一天打卡是最重要的一次打卡，一定要设置得比较简单，而且要确保每个用户都知道这个打卡消息，让尽可能多的用户参与。

（2）**提前做好应对用户的"疲倦期"的准备**。假如是 7 天的打卡活动，"疲

第 5 章　社群营销与运营

113

倦期"往往出现在第三天或者第四天，这时有一部分群成员很明显不想打卡了，运营者应该在平时的激励上，给出新的奖励，如在第三天晚上通知，因为大家很努力，所以发起一个抽奖活动，可参与人员仅限今晚打卡的人，活动其他奖励不受影响。

提前预见用户的"疲倦期"，然后增加物质激励，发掘优秀的打卡榜样，邀请表现优秀的用户分享自己的经验等，都可以提高用户的打卡积极性。

（3）**提前制定打卡示范，直接让用户"抄作业"**。每次打卡都给出一个详细的打卡示范，如要求用户每天提交英语口语练习作品，运营者可以提供一个"姓名＋日期＋口语练习作品"的打卡模板，用户照着发就可以了。

这个动作会极大地减少用户的思考时间，降低用户的参与门槛，同时还能规避一些用户为了拿全勤奖，随意打卡，滥竽充数。

### 3. 设计活动物料

活动物料包括以下两种形式。

（1）**纯文字**。使用文字的形式，方便叙述细节，同时可以将打卡活动设置为社群规则，这样有利于群成员知晓打卡活动的细节。

（2）**活动海报**。设计打卡活动海报，并发送到社群里，让群成员一目了然，同时方便群成员将其发送到朋友圈。

### 4. 选择活动奖项

一般情况下，活动奖项的设置有两个维度，一是按照打卡天数设置，如全勤奖、打卡 1 天奖、打卡 10 天奖等；二是按照打卡质量设置，如优秀打卡奖等。

（1）**全勤奖**

设计目的：激励用户积极参与，同时给全程支持活动的用户一些鼓励。

门槛：完成全部规定打卡天数，且打卡内容符合规范。

奖项：建议是优惠券、返现或者平价的小礼物等。

（2）**优秀打卡奖**

设计目的：筛选优质打卡用户，其实是筛选榜样，激励其他用户认真打卡，同时能吸引未参与活动的人围观，有利于活动的传播。

门槛：连续打卡天数超过 10 天，打卡点赞量超过 1000。

奖项：建议是稍微贵重一些的实物礼物，或者是实物＋荣誉证书等。

### 5. 打卡活动的社群运营

打卡活动的社群运营主要分为 3 个部分：宣传招募、社群运维、活动结束后群处理。

（1）**宣传招募**

① 提前在社群内预热，做好话题上的铺垫。例如，群主先说话："最近很多家长反映囤了很多书，却很难坚持阅读，我在想要不要发起一场打卡活动，让大家一起记录亲子阅读时光，互相监督，互相打气。大家觉得怎么样？"再在群

里发个小红包。

② 在社群内提前安排几个活跃分子，来附和群主。

③ 随着感兴趣的人越来越多，群主顺势接话："既然这么多人感兴趣，要不我们下周一就开始打卡？"

④ 发起群接龙报名。群主："感兴趣的家长可以接龙报名，近期会邀请大家进打卡群。"

**（2）社群运维**

① 群成员设置多重身份，保证群成员有一个共同的目标。群成员设置要安排多重身份：活跃分子、意见领袖等。例如，200 人的社群可以设置活跃分子 5 个，意见领袖 3 个。

② 确保社群基调是轻松愉快的。这里的关键点是群主保持轻松的心态，说话可以活泼俏皮一些，这样群成员在群里说话没有太大压力，自然更愿意"冒泡"。

③ 设置一个简单的用户激励体系。除了一开始设定的打卡奖励，群主还需要设置多重激励方式，这个至关重要。

这里的激励设置逻辑以时间线为基础，最基本的是要保证活动有一个高潮和一个好的收尾。

例如，在用户激励体系中，在打卡任务进行中，选出 3 名群成员，给予其积极奉献奖，这是群主之前没有提到过的奖励，是"空降"的惊喜，群成员就会产生超预期的体验，活动就会达到高潮。

好的收尾就是指在活动末期评奖，要给足群成员荣誉感和仪式感。例如，举办一个小的颁奖仪式，为群成员奉上好看的电子奖状。

**（3）活动结束后群处理**

活动结束后，群是否需要解散？如果觉得精力不够，可以解散；如果精力够用，就不用解散，偶尔有其他活动或者重要事项，可以发群公告进行促活。

此外，对于在打卡活动中涌现的积极用户、优质打卡用户等，群主要重点备注，与其保持联系，他们是以后重点转化的对象。

**课堂讨论**

请你思考社群打卡还有哪些好的举措，并分享给小组成员。

### 5.3.5　社群红包

让社群保持活跃的方法有很多种，如玩游戏、猜谜语等，但是最简单有效的方法就是发送社群红包。发送社群红包的主要目的有活跃社群气氛、欢迎新人、激活群成员、宣布喜讯等。当然社群红包不是随便发的，还是很有讲究的。下面一起来看看社群红包的 8 种类型。

扫一扫

### 1. 欢迎红包

正常情况下，新成员入群的欢迎红包由群主来发。当然，有的新成员会主动发红包，以便让大家对他印象深刻，多关注他。

### 2. 签到红包

社群需要经营和维护，群主可以每天发签到红包，起到唤醒群成员的作用。每天的签到红包可以分为早安红包和晚安红包，每次发的红包金额不用太多，1元就够了，而且不需要人人平分。越是人人有份的东西，大家反而越不在意，而限额限量的红包能起到很好的引导作用。

发社群签到红包或者问好红包的核心目的不在于大家要抢到多大金额的红包，而是让大家产生社群记忆。

### 3. 节日红包

每逢重大节日，群主可以在社群里面发红包。发节日红包既是为了烘托节日氛围，也是为了做好社群关怀。当然对于不同的节日，红包的金额、数量、发放方式等也不同。

在劳动节、儿童节、中秋节等节日发红包，稍微表示一下即可，可以起到提醒群成员的作用；而在会员日、店庆日、粉丝节等这类品牌性的节日，发红包除了可以引导交易，更重要的是可以持续树立品牌在群成员中的良好形象。

### 4. 生日红包

群主可以在群内给过生日的群成员发生日红包，还可以配合着生日祝福歌曲和其他的祝福内容。生日红包是针对群成员个人的，可凸显社群的温度，让群成员难忘。

### 5. 邀请红包

如果你希望有更多的人加入社群，希望群成员能帮你一起拓展群成员，那么你就可以设置邀请红包。这里主要介绍两种邀请红包。

（1）**达到指定人数**。例如，社群每增加10人发一次红包，或者社群规模达到100人、200人、300人的时候发不同金额的红包。这是针对全体群成员的福利，叫"一人入群，红包人人有份"。这种发红包的方法会让群成员产生邀请新成员的动力。

（2）**直接邀请奖励**。直接邀请奖励是针对个人的邀请表现进行的奖励，最好在社群里面发奖励红包，这样能极大地刺激那些想赚钱却没有付出实际行动的群成员。

### 6. 晒单红包

商家发晒单红包主要有两种目的。

（1）**分享订单**。分享订单就是买家秀或者好评反馈，可帮助商家获得群内用户的信任，打消其他用户下单的顾虑。

当然它还能起到宣传和提醒的作用，如当你店里有很多款商品的时候，很多用户从来没有尝试过某一款商品。当这些用户在群里看到别的用户发出的实物图的时候，就等于被提醒了一次，他们很有可能会产生下单欲望。所以商家可以私发红包或抵扣券给分享订单的用户，作为分享订单的奖励。

（2）分享实惠。当商家在开展大额折扣等活动的时候，很多用户可能不相信或者不太感兴趣。某些用户在群内分享自己被免单、购买的特价商品，对于其他用户的刺激是很大的，能够刺激群内其他用户下单。

### 7. 下单红包

下单红包一般分为两种，一种是大促红包，另一种是抢购红包。下面分别进行介绍。

（1）大促红包。如果是商家的粉丝社群，那么一般在"618""双11""双12"等促销节日，群主就需要多发红包。这个红包可以是微信红包，也可以是商城的直减红包。大促红包要够多、够大，才能给用户足够的吸引力，加速用户下单。

（2）抢购红包。很多团购是依托社群实现的。所以一些特价品等的上新和下线都可以利用红包做好提醒，从开场的预热，到正式开抢，再到提示仅剩100份、50份、10份，以及最后1分钟的倒计时，都可以直接发红包，这比发文字高效多了。

### 8. 任务红包

例如，举办一场营销活动，需要社群成员参与、分享、转发，那群主可直接在群里发任务红包给群成员。任务红包最好是人人有份，千万不要担心有人抢了不做任务。

任务红包的另一种发放方式是，先在群内发布任务，用户完成任务之后，再来领取奖励。用户完成任务，通过截图反馈之后，即可领取对应的任务奖励。这样做有持续的正向反馈，能带动其他用户参与。

### 🎓 专家提示

发红包需要注意时间，并不是什么时间都适合发红包。一般不建议早上发红包，因为大部分群成员领完红包后马上就要进入工作状态，没有时间参与互动。发红包的最佳时间是晚上8点左右、节假日等大家都休息的时间，群成员的参与度会比较高。

### 👤 知识拓展

#### 发红包的3个误区

**1. 必须要发大红包**

在社群内发红包，需要考虑投入和产出的关系。不要认为发红包是只出不进的生意，发红包也是要看最终效果的。例如，社群的活跃度、用户的参与度、转介率高，产出高，就可以持续发红包。不要舍不得发红包，越舍不得，社群价值就越小。

另外，不要认为在社群里一定要发100元、200元的大红包。例如，举办一场团购活动，一共发了30多个红包，红包总支出才15元，平均每个红包只有不到0.5元，用户的抢购效果和后续的转化效果依然很好。

**2. 一分钱没有价值**

前面讲了发红包并不一定需要发大红包，哪怕只是发一分钱，它也是有价值的。一分钱更多起到的是提醒的作用，当然一分钱也能建立信任关系，所以，不要忽视小红包的力量。

**3. 红包仅代表钱**

红包给人最直接的印象就是钱，但是每个红包都是有特殊的意义的。我们之所以要发红包，是因为红包作为一种共识，能够很好地表现价值。在不同场景中，每个红包被赋予了不同的意义，有的红包代表信任，有的红包代表鼓励，有的红包代表认可，有的红包仅仅是提醒。最后提一点，如果你是企业的代表，记得在发红包的时候创建一个红包封面，这样你发的每一个红包都会使企业获得多次曝光。

 **课堂讨论**

请你思考发社群红包时还有哪些好的举措，并分享给小组成员。

### 5.3.6 社群福利

社群福利是提高社群活跃度的一个很有用的方法，能起到提振群成员情绪的作用。一般而言，社群福利主要有以下5类。

扫一扫

**1. 物质类福利**

社群内的物质类福利是指书籍、零食、生活用品等奖励，是比较受群成员欢迎的。例如，奖励优秀的群成员一些管理类书籍，或者给群成员赠送一些节日小礼物，以及一些合作商赞助的小礼品。

**2. 经济类福利**

社群内的经济类福利一般是指现金转账奖励，运营者会因为某些群成员在某次活动中的优秀表现给予其现金转账奖励。

**3. 学习类福利**

社群内的学习类福利是指将精品视频课程、优质直播课程等赠送给表现优秀的核心群成员，这可以激发其他群成员在社群中的参与热情。

**4. 荣誉类福利**

社群内的荣誉类福利是指给予群成员考核晋级、证书等一系列荣誉奖励。对于没有专门组织架构的社群来说，这种荣誉奖励是提高社群活跃度的很好的方法。

**5. 虚拟类福利**

社群内的虚拟类福利是指积分、优惠券等奖励。群成员因参与程度不同，获取不同的积分，然后用积分去兑换奖品。

**课堂讨论**

请你思考社群福利还有哪些类型，并分享给小组成员。

### 5.3.7 线下活动

社群运营需要让群成员之间产生更多连接，连接越深入，群成员就越有归属感，运营就越成功。越来越多的社群运营者开始重视线下活动，以期让群成员之间产生更深的连接。那怎样才能成功地举办一次高质量的线下活动呢？

扫一扫

**1. 活动筹备**

（1）**导师邀请海报**。在举办线下活动时，运营者通常会邀请导师来分享课程，因此需要制作一张导师邀请海报。在邀请导师前，要注意一点：因为导师的时间安排通常比较紧张，建议至少提前1个月发送导师邀请海报，提前与导师约好分享的时间。

（2）**活动海报**。一张吸睛的活动海报对整个线下活动来说至关重要。这张海报至少要包含活动主题、分享导师、活动内容、活动时间、活动地点、门票定价6个方面的内容。

（3）**活动文案**。一篇好的活动文案可以吸引更多粉丝报名线下活动。活动文案要包含活动主题、导师介绍、你将收获、活动时间、活动地点、报名咨询、往期活动展示、合作机构等活动细节。活动文案的关键部分是"你将收获"部分，每个人的时间都很宝贵，你要让用户体会到参加你的活动能收获很大的价值。

（4）**活动预告**。活动预告一般会通过微信群发送、私信或群发等方式送达社群成员。

（5）**志愿者招募**。有了志愿者，举办线下活动将如虎添翼。运营者可以与社群成员一起组织线下活动，这可以增强用户黏性。

（6）**礼物**。社群成员能带走的礼物重点推荐贴纸、T恤等，现场互动的小礼物推荐书籍、零食等。如果是免费活动，还要考虑成本问题，这时候，我们不妨找一些广告商合作开展活动。合作方提供赞助可节省活动成本，社群能帮助合作方宣传产品。

（7）**场地确认**。在选择场地时，最好选择一个交通便利、环境适宜的场地。在与场地方谈合作的时候，要关注一些细节：现场网络情况，话筒，投影、电源插座、空调、指示牌等。

（8）**导师确认**。在活动开始前，运营者要和导师确认一些活动细节：如何接送导师、导师待在现场的时间、导师的微信或者微博账号、导师的一些特殊物料需求等。

（9）**人员安排**。工作人员要分工明确，相互照应，并且最好有 1～2 名机动人员用于协调。工作人员的分工主要如下：拍照人员、实时微信群互动人员、微博更新人员、组织签到人员、发放礼物人员、传递话筒人员、主持人等。

### 2. 活动执行

（1）**主持**。在活动正式开始之前，要对主持人的 PPT 再次进行检查，确保其没有问题。此外，主持人和分享嘉宾应进行衔接，要告诉分享嘉宾，主持人在什么时候会邀请其上场分享。

（2）**自我介绍**。让现场的粉丝进行自我介绍，大家不仅能学到知识，更能交到朋友，这是对接资源的一个环节。粉丝可以从这 6 个方面进行自我介绍：我是谁、我的"坐标"、我从事的行业是什么、我能提供什么、我的需求是什么、我想链接什么样的社群成员。

（3）**导师分享**。有些场地按时间计费，延时需要另外计费。另外，延时会导致用户提前离场，导致活动效果也不好。在活动进行中，要对时间进行把控，用电脑或平板电脑给导师倒计时，并在最后 30 分钟、10 分钟、5 分钟，提醒导师。

（4）**茶歇**。茶歇一般要提前 1 天准备好，可以准备一些当地的特色美食，一来可以缓解用户学习的疲惫感，二来可以让粉丝在休息期间边吃边交流，制造一种好氛围。

（5）**深度沟通**。在嘉宾分享结束后，我们还可以组织深度沟通环节，重新分配小组，促使组内人员深度沟通，交流课程问题；条件允许的话，可以组织聚餐。

（6）**摄影**。为了保留活动记录，为后期宣传做准备，可以拍摄一些现场照片。需要拍摄现场活动标志、演讲者和 PPT、提问者、签到场面、粉丝接受礼物、粉丝与演讲者交流和互换联络方式等内容。对于重要的活动参与者，要拍人物特写，方便后期宣传。最好在中场休息期间拍摄大合影。

### 3. 活动复盘

活动结束后，最重要的就是复盘，总结出可复用的经验，为下次举办活动做准备。如何复盘呢？

（1）**回顾目标**。活动总体目标是否完成？每个环节的目标是否完成，如课程满意度的目标、活动体验度的目标等？

（2）**评估效果**。粉丝满意度怎么样？活动流畅度怎么样？分享内容的实用性、趣味性怎么样？是否有需要改进的地方？

（3）**分析原因**。活动没有做好的地方在哪里？原因是什么？

（4）**总结经验**。哪些内容可以放进日常活动清单中？下一次活动应该避免犯哪些错误？有哪些经验可以积累下来？

#### 4. 可复用的活动经验

（1）**准备尽量提前**。活动准备期要提前，明确分工安排，避免演讲准备不足、物料未能及时到达等问题。

（2）**宣传要多渠道**。除了在自己的平台上宣传外，要尽可能找到更多合作方，共同招募参与者。

（3）**建立预警机制**。要尽可能考虑到活动的方方面面，对于有可能会出现的问题，一定要想好应对策略。

 **课堂讨论**

1. 请你思考活动筹备有哪些注意事项，并分享给小组成员。
2. 请你思考活动执行有哪些注意事项，并分享给小组成员。

## 5.4 社群变现

### 5.4.1 社群变现的常见模式

社群变现是社群发展的终极目标，也是社群形成商业闭环的关键环节。社群变现一般有如下4种常见模式。

扫一扫

#### 1. 社群服务变现

社群服务变现的本质是给用户提供更加专属、更加有效的价值输出，主要可以采取收取会员费的方式来实现。收取会员费可以把社群中最活跃和最有归属感的用户聚集在一起，进一步增强专属圈子的黏性，为其提供专属的社群增值服务，并且通过各种运营方式让会员之间建立关系和产生合作。

**专家提示**

在社群服务变现中，一旦开始收取会员费，交费的会员在心态上会从原来的社群铁杆粉丝变成服务购买者，其与社群的情感连接会变弱，运营者需要采取相应的维护和增强措施。

#### 2. 社群产品变现

社群产品变现是指通过社群运营的方式，让用户认可社群价值，认可社群品牌的自有产品。

社群产品主要分为实物类产品和内容类产品。运营者在社群中会通过各种方式展示实物类产品的各种特点和优势，让用户对产品更加了解和认可。运营者通过知识IP的打造，塑造个人形象和社群的专业优势，从而推出相关的专属知识课程，这就属于内容类产品。

**专家提示**

社群产品需要与社群调性一致。例如，美妆类社群推荐厨房用品，就会让群成员觉得突兀；而美妆类社群在推荐美妆产品的同时，推荐一些头饰作为搭配，群成员就会乐于接受。

### 3. 社群广告变现

社群广告变现是人数较多的社群的主要变现模式，也叫流量变现，其实就是有偿接广告。社群运营者通过收取渠道费的方式给别人的产品打广告，或者代理别人的产品，从中获得分成。无论是实物产品，还是虚拟产品，都可以使用这种方法。

当然，如果你的产品足够好，但是缺乏推广渠道，也可以用这种方式从别的社群获取流量。

**专家提示**

在社群中，广告变现不能过于频繁，重点还是运营，要让用户有良好的体验，而且不能推广跟社群定位不相关的产品。

### 4. 社群合作变现

社群合作变现的方式有很多，常见的换粉互推、资源交换、合作产品等都是可以尝试的方式。例如，如果你是做职场类课程的，你就可以跟同样有一定流量的老师合作互推，大家的粉丝调性差不多，联合推广能够聚集更高的势能，带来更多的合作变现。

**专家提示**

在社群合作变现中，最重要的就是要维护好与合作社群之间的关系，一方面，不要越过对方的底线，给对方带来不好的影响；另一方面，合作之前就要确定好推广方式、分成方式等，否则在合作过程中容易产生不愉快。

**课堂讨论**

请你思考社群变现还有哪些好的模式，并分享给小组成员。

### 5.4.2 社群变现的效应

扫一扫

社群变现的效应一般有如下 4 种常见的形式。

### 1. 信任效应

社群变现的信任效应是指群成员由于对社群的信任，形成了购买力。我信任，所以我购买；我信任，所以我转发。

未来的商业，聚焦社群很关键。社群的信任和口碑传播的影响力会被很多商家看重，希望其成为自己营销传播中的一环。

### 2. 连接效应

社群变现的连接效应是指群成员由于共同爱好或需求，进入了同一个社群。

对于社群后期的用户转化，运营者仍需下功夫，能成功地把用户吸引过来并使其连接在一起，就已经成功了一半。通过社群连接，用户和运营者建立了更紧密的联系，运营者可以从中获得更多的营销机会。

例如，运营者开展各种线上分享和线下见面会，可以对接资源，让群成员成为这些资源的参与者、众筹者或购买者，不管以什么名义，这些都是直接的二次营销机会。

### 3. 标签效应

社群变现的标签效应是指一个人被一种词语名称贴上标签时，他就会作出自我印象管理，使自己的行为与所贴的标签内容相一致。例如，用户爱好、用户来源、用户活跃度等都是群成员的标签。

用户在互联网上通过标签互相结识，从而形成一个社群。而好的社群身份正好可以成为用户在互联网上的个性标签。用户很难通过仅使用某个产品说明自己属于某一群人，那么这个产品就无法成为用户的个性标签。这个时候，产品或服务仅被用户视为一种功能或应用的解决方案，那么产品或服务就不会成为用户的第一选择，他们不愿意为这样的产品或服务支付过高的费用。

而社群标签的一种比较好的辨别办法是，一旦社群的身份标签得到群成员的认同，群成员便愿意为身份标签支付更高的费用。如果某企业的产品或服务能和该社群标签建立有效连接，如与该社群有长期的合作，企业就能享受到该社群的标签效应，社群成员也会更愿意付费购买该企业的产品或服务。

### 4. 羊群效应

社群变现的羊群效应是指人都有一种从众心理，这种从众心理很容易导致群成员盲从。在社群中时，社群成员的思考方式、行为方式和他们每个人处于独立环境时有很大的不同。

一旦一个社群里有很多人说某个产品很好，群成员就会相信这个产品真的好，纷纷下单。同理，如果一个社群里有人说某个产品不好，群成员就会对该产品失去信任，不再购买。

很多品牌努力将产品和服务做得超出用户的预期，就是为了获得一小部分人的认可，从而将产品和服务的口碑从一个人扩散到一个社群，再从这个社群扩散到其他相似社群，从而扩大品牌影响力。

 **课堂讨论**

请你思考社群变现的效应还有哪些形式，并分享给小组成员。

## 5.5　社群营销案例

**1．圈子型社群——正和岛**

正和岛是国内最大的企业家社交平台，目前有 4000 多名会员，他们均为年收入或市值达 1 亿元以上的企业的董事长或 CEO，企业规模在 10 亿元以上的企业家将近 700 位，领袖级企业家上百位。每个人都是自己的产品经理，代表的是他们个人的品牌。正和岛是如何运营社群的？其实他们只关注了一个词——链接。互联网的最大价值是彼此之间能够创造价值。

任何优秀人士，在这个社群中都会进行匹配：哪些人可以和他发生链接。这些优秀人士也特别愿意到正和岛去"做客"，因为感觉就像回到家一样。

"所以我们给正和岛一句最简单的描述就是：链接有信用的企业家，让商业世界更值得信任。"——正和岛产品运营负责人苟忠伟。

**2．产品型社群——酣客公社**

酣客公社是一个白酒粉丝社群。酣客公社通过社群卖酒，3 个月的销售额达到 2 亿元，成为一个传奇。酣客公社已成为首屈一指的中年粉丝社群和中年企业家粉丝社群。其产品定位是匠心、情怀和温度感。

酣客公社最初是由一个超级铁粉把他的朋友们拉到微信群，一起讨论商业趋势而自由产生的。去中间商化、粉丝化、互联网化运作等做法给酣客公社带来了超常的营销模式。

在互联网时代，简单粗暴的社群营销不受待见。未来营销的趋势依然是社群营销，我们要认清这是一个信息过载、传播过度的时代，只有摒弃简单粗暴的营销模式，抓住社群本质，才能把社群经济效应发挥到极致。

# 任务实训

## 实训 1　创建社群，并进行初期运营

**实训目标**

学会创建社群。

**实训内容**

根据自己的爱好和特长，创建社群。

**实训要求**

根据自己的爱好，选择自己擅长的方向，利用自己的现有人际资源，创建一个社群。

**实训步骤**

（1）根据本章所学，根据自己的爱好和特长，创建社群并进行社群拉新。

（2）制定社群规则。

（3）在社群内连续一周输出优质内容。

### 实训 2　制定社群线下活动方案，举办线下活动

**实训目标**

学会制订社群线下活动方案，举办线下活动。

**实训内容**

学习社群运营，学会制订社群线下活动方案。

**实训要求**

掌握社群线下活动方案的制订方法。

**实训步骤**

（1）根据本章所学，制订活动方案。

（2）执行活动方案。

（3）线下活动结束后，进行活动复盘并总结经验。

 **思考与练习** ● ● ●

**一、判断题**

1．社群是由有共同爱好、共同需求的人组成的群体，有内容，有互动，有多种形式。（　　）

2．要想打造个人 IP，运营者需要将自己塑造成某方面的专家，如果运营的是母婴社群，就把自己塑造成心理咨询师。（　　）

3．社群分享是指分享者向群内成员分享干货或其他有益的知识，经常进行社群分享会使社群变得比较活跃。（　　）

4．运营者要想成功组织社群讨论，一般需要经过如下几个环节：讨论开始前的准备、讨论过程中的控制、讨论结束后的总结。（　　）

5．社群的建立一般都要依托一定的平台，这个平台可以是论坛、QQ、微信、贴吧等，平台的选择要从社群的定位和需求出发。（　　）

**二、单项选择题**

1．社群分享的环节不包括（　　）。

　　A．主持人强调规则　　　　B．主持人介绍分享者

　　C．主持人提议中场休息　　D．主持人提前暖场

2. 社群讨论开始前的准备工作不包括（　　　　）。
　　A. 组建讨论管理组　　　　　　　B. 选定讨论话题
　　C. 选定讨论时间　　　　　　　　D. 准备奖品

3. 社群讨论的环节不包括（　　　）。
　　A. 主持人强调规则　　　　　　　B. 讨论开始前的准备
　　C. 讨论过程中的控制　　　　　　D. 讨论结束后的总结

4. 社群打卡的流程不包括（　　　）。
　　A. 敲定活动流程　　　　　　　　B. 打卡设置
　　C. 准备打卡　　　　　　　　　　D. 设计活动物料

5. 社群红包的类型不包括（　　　）。
　　A. 大红包　　　B. 邀请红包　　　C. 晒单红包　　　D. 节日红包

## 三、简答题

1. 社群福利包括哪 5 种类型？
2. 举办社群线下活动的流程有哪些？
3. 社群变现的常见模式有哪些？
4. 社群变现效应的常见形式有哪些？
5. 社群红包有哪 8 种类型？

# 第 6 章
# 短视频营销与运营

 **学习目标**

√ 了解什么是短视频营销、短视频营销的常见平台有哪些，以及短视频营销的优势

√ 掌握短视频营销与运营的流程

√ 掌握短视频营销与运营的策略

√ 学会进行短视频营销与运营数据分析

 **学习导图**

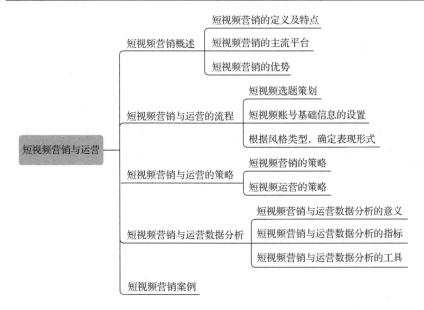

## 6.1 短视频营销概述

随着智能手机、4G网络的普及和5G网络的发展，时长短、传播快、互动性强的短视频逐渐获得用户、企业和各大平台的青睐，并逐步发展成了一种新的营销方式，迅速占据了营销市场的一部分。

### 6.1.1　短视频营销的定义及特点

#### 1．短视频营销的定义

短视频营销是一种新兴的营销方式，是利用短视频平台推广产品或品牌并树立品牌形象的一种营销方式。短视频营销融合了文字、音频、视频等不同的表达形式，将事物具象化地展现在用户眼前，给用户带来了直接的视觉冲击，提高了营销效果。

#### 2．短视频营销的特点

短视频营销是在短视频这种新兴模式出现之后产生的新型营销方式，它主要有以下几个特点。

**（1）碎片化**

① 短视频主要在移动设备上播放，适合人们在移动、休息的时间观看，这决定了短视频的内容呈现出快餐化、碎片化的特点。

② 与图形和文本相比，视频更容易理解，尤其是在快节奏的生活中，人们更倾向于对短而爆炸性的视频内容做出反应。

③ 在大多数情况下，进入短视频平台后，人们只需要用手指在屏幕上向上滑动就可以观看下一条短视频，然后点赞该短视频。这种简单易行的操作，促使人们在零碎的闲暇时间使用短视频平台。

**（2）个性化**

① 短视频平台以大数据和人工智能为基础，不断收集用户的使用数据，使平台能够选择用户感兴趣的内容进行准确、个性化的分发。这使得用户更加沉浸在短视频环境中，增强其对下一条短视频的好奇心，最终增强了用户黏性。

② 个性化的短视频分发使得营销更加精准。这是因为短视频平台已经根据每个用户最常访问的短视频类型对其进行了标记，因此商家可以通过短视频平台的分发机制将内容发送给对其最感兴趣的用户。

**（3）分散化**

短视频平台通常采用分散的内容制作机制。短视频平台没有设置任何特权，并不断寻找新的和有趣的内容，流行才是王道。谁能制作出最热门的短视频，谁就能获得最多的浏览量。PGC+UGC 的内容制作模式，即专业生成内容与用户生成内容相结合，鼓励用户边看视频边创作。这种方式促进了用户的参与，有助于保持用户的热情，并确保产出的高质量。

**（4）软性植入**

将品牌或产品的功能属性、理念文化等融合在短视频中，不仅能将品牌信息准确地传递给目标用户，还能避免由于广告太过硬性而引发消费者的反感。生动有趣的内容可以提高目标用户的接受度和忠诚度，增强品牌黏性，具有较高的用户体验价值。

### 6.1.2　短视频营销的主流平台

短视频作为短视频营销的媒介，发展是非常迅速的，各大短视频平台如雨后春笋般出现。在我国，2011 年，制作、分享 GIF 动图的工具 GIF 快手上线；2012 年，GIF 快手从工具应用转型为短视频平台；2013 年，腾讯微视等短视频平台上线，短视频进入了新的发展阶段；2014 年美拍的上线和 2015 年小咖秀的上线，使短视频行业形成了"百家争鸣"的局面；2016 年，抖音、梨视频和火山小视频上线；2017 年，短视频进入爆发时期；到 2020 年，短视频行业逐渐形成了以抖音和快手为代表的"两超多强"的态势，它们吸引了大量的内容制作团队，都想在短视频领域中占据一席之地。短视频的发展历程如图 6-1 所示。

图 6-1　短视频的发展历程

不同的短视频平台，有共同点也有不同点。下面我们主要介绍目前短视频行业中的主流平台，即抖音、快手、西瓜视频等的特点。

#### 1. 抖音

抖音隶属于北京字节跳动科技有限公司，是一款于 2016 年 9 月上线的音乐创意短视频社交软件。用户可以通过抖音拍摄短视频作品并上传，让其他用户看到，同时也可以看到其他用户的作品。

抖音在上线初期的重点是打磨产品，不断优化产品性能和体验，初步寻求市场，这为后期其用户的爆发式增长打下了基础。

抖音是一个专注于年轻人音乐短视频创作分享的社区平台。抖音应用人工智能技术为用户创造多样的玩法，用户可以通过这款软件选择歌曲，拍摄音乐短视频，形成自己的作品。

抖音的用户主要可以分为内容生产者、内容次生产者和内容消费者 3 类。抖音的用户类型、特点和目标如图 6-2 所示。

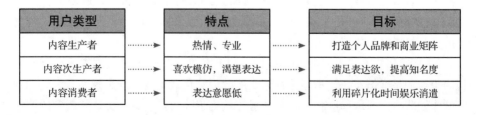

图 6-2　抖音的用户类型、特点和目标

抖音上的短视频除了具备短视频的共有特点，即短、平、快外，还有自己独特的特点，具体如下。

① 默认进入"推荐"页面。用户打开抖音之后默认进入的是"推荐"页面，只需用手指在屏幕上往上滑，就可以播放下一条短视频，下一条短视频具有不确定性，更易吸引用户观看，有利于打造沉浸式的体验。

② 没有播放时间提示。用户在观看短视频时，很容易忽略时间的流逝。

③ 后台算法支持。抖音收集用户看过的短视频内容和形式，利用算法构建用户画像，为用户推荐其感兴趣的内容。

### 2. 快手

快手是北京快手科技有限公司旗下的产品。2011 年 3 月，GIF 快手诞生，它是一款用来制作和分享 GIF 动图的手机应用；2012 年 11 月，GIF 快手从纯粹的工具应用转型为短视频平台，帮助用户记录和分享生活。2014 年 11 月，GIF 快手完成品牌升级，去掉名字中的"GIF"，正式更名为"快手"。

快手能成为短视频行业中的主流平台是因为它自身所具备的如下特点。

① 面向的群体为"草根"群体。快手主要面向三、四线城市用户以及广大的农村用户。在过去，很少有人关注这些群体，而快手给了他们更多表达自己的机会。

② 机会平等。近几年，快手在内容审核和算法上进行了优化，没有采取以艺术为中心的策略，没有将资源向粉丝较多的用户倾斜，而是致力于让每一个用户获得平等的发布短视频的机会。只要用户在快手上发布短视频，就有可能在"发现"页面获得展示的机会。

### 3. 西瓜视频

西瓜视频是北京字节跳动科技有限公司旗下的一款个性化推荐视频平台。2016 年 5 月，西瓜视频前身头条视频上线，而后宣布投入 10 亿元扶持短视频创作者。2017 年 6 月，其用户量破 1 亿人，日活跃用户量破 1000 万人，头条视频改名为西瓜视频。2018 年 2 月，西瓜视频累计用户人数超过 3 亿人，日均使用时长超过 70 分钟，日均播放量超过 40 亿次。

可见，西瓜视频的用户量是非常大的，它的特点如下。

① 拥有众多垂直分类，专业度高。西瓜视频可以说是视频版的今日头条。在西瓜视频上，95% 以上的内容属于职业生产内容（Occupationally-generated Content，OGC）和专业生产内容（Professional Generated Content，PGC）。

② 精准匹配。西瓜视频采用人工智能技术精准匹配内容与用户兴趣，致力于成为"最懂你"的短视频平台。

③ 横版短视频。在短视频领域中，抖音和快手争夺的是竖屏市场，而西瓜视频争夺的是横屏市场。横版短视频之所以仍然存在市场：一是因为有大量的专业制作团队依然采取横版构图，从拍摄工具到镜头语言有着一套非常成熟的制作流程；二是因为横版短视频在题材范围、表现方式、叙事能力等方面比竖版短视

频更有优势。

④ 巨大的影视和综艺短视频资源。西瓜视频可以更好地满足用户对影视和综艺节目的需求。

**课堂讨论**

你还熟悉哪些短视频平台？说一说它们各自的特点。

### 6.1.3 短视频营销的优势

短视频营销发展迅速的主要原因如下。

① 短视频以其碎片化、情感化和高代入感的特点，吸引了众多用户。

② 企业借助短视频可以更直观地展现自身的产品特点、服务特色等，也可以推广产品或品牌。

扫一扫

短视频营销与传统营销相比，具有以下优势。

#### 1. 购物体验更好、更高效

短视频营销带给消费者的购物体验更好，主要是因为其画面感更强。它的高效性体现在消费者可以边看短视频，边对产品进行购买，这是传统营销所不能拥有的优势。

#### 2. 时长短，使碎片化时间得到利用

短视频时长一般为 15 秒至 5 分钟，大多数在 15 秒左右。短视频时长短，符合当下快节奏的生活和工作方式，而且相较于文字和图片而言，短视频可以给用户带来更好的视听体验。由于时长短，因此短视频中每一秒的内容都很丰富，即"浓缩的都是精华"，以降低用户获取信息的时间成本，充分利用用户的碎片化时间。

#### 3. 成本低

传统的广告营销成本动辄上百万元、上千万元，而短视频营销的成本相对较低，主要表现在三大方面，即制作的成本低、传播的成本低及维护的成本低。这是因为短视频不再局限于专业的拍摄设备，使用手机也可以拍摄；而且拍摄的短视频经过简单的加工便可以上传、分享。

#### 4. 指向性强

短视频营销还具有指向性强这一优势，它可以准确地找到企业、品牌或短视频的目标受众，从而达到精准营销的目的。短视频平台会根据大数据，将短视频有指向性地推送给对产品、品牌及短视频内容感兴趣的用户，这些用户更容易对该短视频产生兴趣，并持续关注，甚至可以由关注者变为传播分享者，将短视频分享给与自己拥有相同特征和兴趣的用户。当短视频获得用户的主动传播后，企业、产品或品牌等信息就会在互联网上迅速扩散。

### 5. 传播迅速

短视频营销本身属于网络营销。短视频能够迅速地在网络上传播开来，再加上其时长短，适合快节奏的生活，因此更能赢得广大受众的青睐和欢迎。

 **素养课堂**

短视频平台积极响应国家号召，借助自身平台、用户、技术等的优势，在乡村振兴中做出自己的贡献。例如，抖音就曾推出过"新农人计划"，投入 12 亿流量资源，扶持平台"三农"内容创作。特别是在脱贫攻坚决战决胜之年，针对来自国家级贫困县的短视频创作者，平台给予优先培训、流量加成等政策倾斜。真正让"短视频＋直播"成为巩固脱贫攻坚成果、实现乡村振兴的"新农具"，为千千万万平凡人创造更多机会，帮助他们发现所需、发扬所长，为家乡擦亮一张张地域"金名片"。

 **课堂讨论**

短视频营销还有哪些优势？

## 6.2　短视频营销与运营的流程

用户要想快速进入短视频营销与运营行业，就需要熟悉短视频营销与运营的选题策划、账号设置及表现形式等。

### 6.2.1　短视频选题策划

短视频营销与运营的本质是吸引用户的注意力，争夺用户，因此做好短视频营销与运营的关键就是准确的定位和策划。

扫一扫

中国有句古话："谋定而后动。"所有的爆款短视频几乎都与选题相关，选题基本上决定了这条短视频的生命力。因此，短视频选题尤为重要，选题会影响短视频的打开率和浏览量。确定目标用户后，围绕目标用户关注的话题，发散思维，迅速找到更多的内容方向，有针对性地实现精准信息的传达和转化。

### 1. 锁定目标群体，了解用户需求

短视频营销与运营要想取得好的效果，就需要锁定目标群体，了解目标群体的主流需求，有针对性地选择符合目标群体口味的短视频内容，以达到更快地吸引目标群体目光，提高短视频播放量的目的。例如，目标群体是"90 后"或"95 后"的女性，那么短视频内容就可聚焦在美妆、穿搭等垂直领域。

### 2. 进行用户画像分析，解决用户需求痛点

锁定目标群体，了解用户需求之后，还应该对目标群体进行用户画像分析，挖掘能够触动用户需求的痛点，确保短视频内容能够解决用户的需求痛点。这样创作出来的短视频才能吸引目标群体，快速引起用户共鸣，进而实现精准化营销。

为了让构建短视频用户画像的工作有秩序、有节奏地进行，我们可以将构建用户画像分为以下 3 个步骤，分别是用户信息数据分类、获取用户信息数据、用户画像呈现，如图 6-3 所示。

图 6-3　构建用户画像的步骤

（1）**用户信息数据分类**。构建用户画像的第一步是对用户信息数据进行分类。用户信息数据分为静态信息数据和动态信息数据两大类。

静态信息数据是构建用户画像的基础数据，可以展现用户的固有属性，一般包含社会属性、商业属性和心理属性等。

动态信息数据主要是指用户的网络行为数据，如消费属性和社交属性等。

用户信息数据的具体分类如图 6-4 所示。

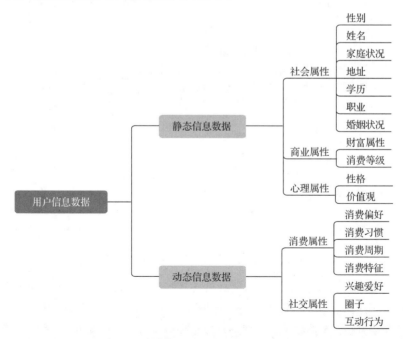

图 6-4　用户信息数据的具体分类

（2）**获取用户信息数据**。用户画像要建立在客观数据的基础上才有意义。在获取用户信息数据的过程中，短视频创作者可能需要对数以千计的样本数据进行统计和分析，由于用户静态信息数据的重合度较高，为了节省时间和精力，我们可以通过相关网站分析竞品账号数据来获取该类数据，如新抖、抖查查、蝉妈妈、飞瓜数据。这些网站是国内领先的视频全网大数据开放平台，可以为短视频创作者提供全方位的数据查询、用户画像和视频监测等服务，从而为短视频创作者在内容创作和用户运营方面提供数据支持。

例如，美妆类短视频创作者可以通过数据分析竞品账号数据来获取用户信息数据。例如，打开蝉妈妈数据网站，可以在其首页选择不同平台的版本，如抖音版和小红书版，蝉妈妈数据网站首页如图6-5所示。

图6-5 蝉妈妈数据网站首页

单击"抖音版"，打开"抖音版"蝉妈妈数据。单击"达人查找"—"行业达人榜"，可以看到短视频根据内容分为"美妆""颜值达人""美食""剧情搞笑"等类别，此处选择"美妆"，就可以看到蝉妈妈数据抖音美妆类博主排名，如图6-6所示。

| 排行 | 达人 | 传播指数① | 粉丝 | 点赞增量 | 评论增量 | 转发增量 |
|---|---|---|---|---|---|---|
| 🏆 - | | 459.03 | 3,375.9w | 58.4w | -1.2w | -1,015 |
| 🏆 - | | 392.99 | 3,018.4w | 19.8w | 1,687 | 5,562 |
| 🏆 - | | 246 | 1,559.3w | 2,714 | 259 | 98 |

图6-6 蝉妈妈数据抖音美妆类博主排名

在排名中，短视频创作者可以选择与自身账号内容表现形式比较接近的账号。单击进入相应账号后可以看到"基础分析""直播分析""视频分析""带货分析""粉丝分析"5类数据，与蝉妈妈数据相近账号数据如图6-7所示。

单击"粉丝分析"即可查看该账号基本的用户信息数据，如性别分布、年龄分布等，蝉妈妈数据的粉丝数据如图6-8所示。

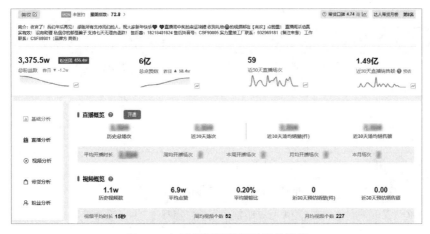

图 6-7　与蝉妈妈数据相近账号数据

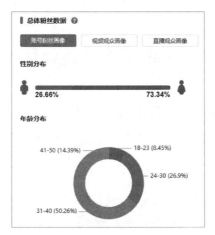

图 6-8　蝉妈妈数据的粉丝数据

用户静态信息数据除了可以使用卡思数据收集外，也可以使用新抖、飞瓜等数据平台进行收集。

用户动态信息数据则多是通过问卷调查、用户深度访谈等方式获得。

（3）用户画像呈现。获取用户信息数据之后，就可以对数据进行分析加工，提炼关键要素，构建可视化模型，勾画出某类短视频账号的用户画像，如表 6-1 所示。

表 6-1　某类短视频账号的用户画像

| 信息类别 | 详细信息 |
| --- | --- |
| 性别 | 女性占比为 80% ～ 90%，男性占比较小 |
| 年龄 | 18 ～ 24 岁用户占比为 50% 左右，25 ～ 30 岁用户占比为 30% 左右，30 岁以上用户占比为 20% 左右 |

| 信息类别 | 详细信息 |
|---|---|
| 地域 | 北京、上海、广东、浙江的用户占比最高 |
| 最常使用的短视频平台 | 抖音 |
| 使用频率 | 一天 3～4 次 |
| 活跃时段 | 8～9 时、12～13 时、19～24 时 |
| 使用地点 | 家、公司、学校 |
| 感兴趣的美妆话题 | 推送到首页的各种美妆产品内容 |
| 什么情况下关注账号 | 当账号持续输出优质内容时 |
| 什么情况下点赞 | 内容品质高，高于预期值 |
| 什么情况下评论 | 内容有共鸣 |
| 什么情况下取消关注 | 内容质量下滑、广告植入太生硬、账号停更等 |
| 用户其他特征 | 喜欢一切美的事物，喜欢高"颜值"、有格调又不失浪漫气息的产品 |

### 6.2.2 短视频账号基础信息的设置

在打造个人账号的过程中，运营者不仅要关注内容定位、方向规划等，还要重视账号基础信息的设置，这些基础信息在很多时候承担着引导用户的任务。

账号基础信息在很大程度上会影响账号的定位和短视频的播放量，因此账号基础信息的设置是至关重要的。账号基础信息如图 6-9 所示。

图 6-9 账号基础信息

#### 1. 账号昵称

短视频平台的用户群体十分庞大，男女老少皆有，账号昵称应尽量使用通俗易懂的词语，多使用领域专属词、高频词，这样用户搜索相关领域的内容时，搜索到你的概率会大大增加。

拟定账号昵称的 4 个原则，如图 6-10 所示。

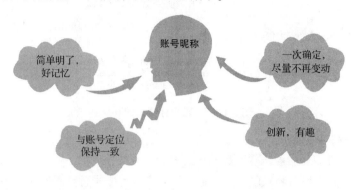

图 6-10　拟定账号昵称的 4 个原则

### 2. 账号 ID

账号 ID 就是登录短视频平台的账户名，与账号昵称不同，它具有唯一性，是平台的唯一识别码，一旦设定一般是不能更改的。很多用户在创建短视频账号的时候，并没有在意账号 ID，直接使用了系统自动生成的账号 ID，没有任何规律可言，这样用户就不便使用账号 ID 搜索对应账号。因此运营者在创建账号的时候，应该选择一个比较好记、与账号本身具有相关性的账号 ID。

### 3. 账号头像

账号头像不仅能影响用户对短视频账号的第一印象，还是个人形象或品牌的标志与符号，可以让用户看到账号头像就想到某个人或某个品牌。企业账号的头像一般使用品牌名称或其他标志物，个人账号的头像一般使用真人照片或与定位相符的图片。

**专家提示**

账号头像不管选择什么样的图片，一定要清晰，千万不要上传模糊不清的图片。头像图片不清晰、色调过于暗淡的话，很难在吸引用户方面发挥积极作用。

### 4. 账号简介

账号简介通过文字的形式简述该账号的内容风格和优势，涉及人物出镜的话，也可以兼顾对人物形象的描述，其主要作用是吸引更多与该形象类似的用户的关注，并促使用户成为该账号的忠实粉丝。

账号简介怎么写才更能吸引用户呢？写好账号简介的建议如图 6-11 所示。

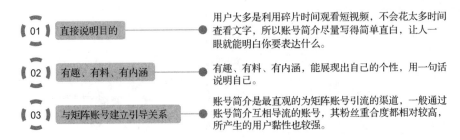

图 6-11　写好账号简介的建议

### 5. 账号背景图

账号背景图一般展示在主页的正上方，位于账号昵称、账号头像的上部，是比较直观地展示账号特点的一个位置，因此在设计账号背景图的时候要注意内容是否恰当、好看。

## 6.2.3　根据风格类型，确定表现形式

做好用户定位、确定好短视频选题方向之后，运营者还需要确定短视频内容的表现形式。不同风格的短视频，其表现形式也是不同的。短视频的表现形式决定了用户会通过什么方式记住短视频账号及其内容。

比较常见的短视频表现形式有图文形式、模仿形式、解说形式、脱口秀形式、情景剧形式和 Vlog 形式等。

### 1. 图文形式

图文形式是最简单、成本最低的短视频表现形式，通常只有一张底图，图中配有一些文字。这种形式的短视频在抖音等短视频平台上很流行，但由于图文形式的短视频没有人设，没有办法植入产品信息，因此其变现能力比较差。

### 2. 模仿形式

模仿形式的短视频制作相对于原创视频要简单很多，只需要在同类比较火的短视频的基础上进行修改或创新，但要注意模仿不是抄袭，要想提高短视频的播放量，就要做出特色，形成个性标签。

### 3. 解说形式

解说形式的短视频是由短视频创作者搜集视频素材，进行剪辑加工，然后加上片头、片尾、自己的配音解说、字幕和背景音乐等。其中最常见的是影视剧类要做的解说。

### 4. 脱口秀形式

脱口秀形式的短视频制作简单，成本相对较低，但是对脱口秀表演者的要求较高，需要具有清晰的人设和辨识度，不断为用户提供有价值的内容，以获得用户的认可，增强用户黏性。此类短视频的变现能力比较强。

### 5. 情景剧形式

情景剧形式的短视频就是通过表演把想要表达的核心主题展现出来,有情节、人物,能够清晰地表达主题,调动用户情绪,引发情感共鸣,在短时间内吸引用户关注。但是这种短视频需要演员表演,制作难度高,成本也高。

### 6. Vlog 形式

Vlog 形式的短视频就像写日记,用影像代替文字和照片,但这不代表 Vlog 可以拍成流水账,一定要有明确的主题。

 **课堂讨论**

你喜欢哪种表现形式的短视频?

确定了短视频的选题和表现形式后,接下来就可以撰写短视频脚本、拍摄、剪辑,然后发布了。关于短视频脚本的撰写、短视频的拍摄和剪辑,本书第 2 章已经介绍过,此处不再赘述。

短视频剪辑好以后,短视频运营者就可以将其发布在短视频平台上了。需要注意的是,短视频发布前,一定要预览检查,查看短视频是否符合标准;此外,还需要结合短视频平台的发布机制,为短视频撰写相应的标题或文字描述,确认无误后再发布短视频。

## 6.3　短视频营销与运营的策略

短视频能不能成为爆款,短视频营销与运营的策略至关重要。

### 6.3.1　短视频营销的策略

短视频营销的关键是促进短视频的有效传播,借此加强与用户之间的信息传播和沟通,进而提高产品、品牌的知名度,达到促进营销的效果。

为了使营销效果更好,短视频营销人员需要掌握一定的营销策略,如融入场景营销、精准定位账号、重视内容创意、注重人设打造、重视连锁传播和增加互动体验等。

扫一扫

#### 1. 融入场景营销

在移动互联网飞速发展的时代,人们的视觉需求已经从传统的界面浏览转向了短视频的直观视觉体验。在当前的短视频营销中,越来越多的企业开始结合场景打造,结合用户的视觉感受来进行产品展示与植入,与传统直白的植入性营销相比产生了质的飞跃。

#### 2. 精准定位账号

企业在入驻平台前,需明确账号定位、全面贯彻企业的品牌理念、剖析平台所面向受众的用户画像、账号人格、创意内容，以及团队设置等。企业在入驻平台后，应该遵循长期营销战略思维，将品牌理念贯穿短视频拍摄的始终，尽量确保短视频内容风格统一。

### 3. 重视内容创意

企业选择短视频平台开展营销，主要是希望借由短视频的创意提高产品的曝光度和品牌的知名度。要想短视频获得更多的流量，就需要使短视频的内容、形式等突破既有的思维方式，进行创意改造，通过创意有效吸引用户的关注并引起用户的兴趣，获得裂变式的传播效果。

**（1）内容创新。** 在"内容为王"的营销时代，短视频内容的质量才是短视频的生存之本，大部分用户更愿意主动分享和传播经典、有趣、轻松、有价值的短视频。

此外，大多数脱颖而出并广泛传播的短视频通常都有一个共同点，那就是具有故事性。一个优秀的短视频一定要会讲故事，拥有引人瞩目的开头、扣人心弦的过程和令人意犹未尽的结尾，这样才能持续吸引用户的注意力。

短视频创作者在构思短视频内容时，可以利用故事情节进行借势营销。这种营销方式不仅可以在线上发挥巨大的作用，而且能成为线下活动的热点，国内很多品牌都依靠这种营销方式取得了成功。

**（2）形式创新。** 有了内容的创新后，形式的创新也很关键。现在的短视频形式非常多元化，精彩的创意内容与恰当的短视频形式相搭配才能获得更好的传播效果，因此短视频的形式也要不断地推陈出新。这就需要营销人员和短视频创作者根据内容不断地开发和尝试新的视频形式，将有创意的内容通过创新的形式传播出去。

例如，蒙牛慢燃奶昔全民挑战通过达人原创的创意短视频，增强了品牌的影响力，同时活动设置了实物大奖，通过利益引导用户参与，引发大量传播。

### 4. 注重人设打造

随着短视频的兴起，很多短视频账号火爆不已。短视频账号要想持续火爆，短视频创作者需要打造账号垂直度，打造短视频人设，确立内容创作方向，为作品贴上专属标签，并稳定输出优质内容。

### 5. 重视连锁传播

在短视频营销过程中，传播渠道也是非常重要的。单一的传播渠道的营销效果可能不够理想，此时就需要采用多渠道、多链接的方式，进行具有连续性的传播，进而扩大短视频的传播范围。

短视频连锁传播主要可以分为两种：纵向连锁传播和横向连锁传播。

**（1）纵向连锁传播。** 纵向连锁传播是指贯穿短视频的构思、制作、发布、宣传和传播的每一个环节，精准抓住每一个环节的传播节点，配合相应的传播渠道进行推广。例如，某账号要制作一条短视频且想通过纵向连锁传播的方式进行推广，那么该账号在短视频制作初期，就可以发布一些短视频制作的消息，进行预热;在短视频的制作过程中，可以不时地发一些剪辑片段，利用各种媒体渠道进行宣传;短视频上线后，进一步加大宣传的力度和广度，最大限度地发挥短视频营销的作用。

（2）**横向连锁传播**。横向连锁传播贯穿整个纵向连锁传播的过程，纵向连锁传播的每一个环节往往都在进行横向连锁传播。在短视频营销的过程中，选择更多的传播平台，不要局限于某一个媒体或网站，将各种不同的传播平台全部纳入横向连锁传播体系中，扩大每一个环节的纵向连锁传播范围，拓展传播深度和广度，以获取更好的营销效果。

### 6. 增加互动体验

增加互动体验是指在短视频营销的过程中，及时与用户互动和沟通，关注用户的体验，并根据他们的需求提供更多的体验方式。一般来说，用户体验越好，短视频营销的效果越出众。

进行短视频互动体验营销的前提是有一个多样化的互动渠道，能够支持更多用户参与互动。目前，在多数短视频平台上，短视频创作者都可以与用户沟通互动。为了吸引用户参与互动，短视频创作者在制作短视频的时候就要综合考虑，设计一些可以引发互动的情节。

## 6.3.2 短视频运营的策略

短视频运营主要指利用抖音、快手、西瓜视频等短视频平台向粉丝进行产品宣传、推广、企业营销等一系列活动。

短视频运营的关键是平台运营和用户运营。

扫一扫

### 1. 平台运营

随着短视频行业的快速发展，大量短视频平台应运而生。短视频平台作为短视频的载体，在短视频运营过程中起着至关重要的作用。

短视频运营者在选择平台时，不能局限于一个平台，通常需要根据自身特点，结合各平台的特点、运营规则选择合适的平台，最大化地为短视频账号带来流量和用户量的增长。

（1）**选择合适的平台**。短视频平台在不断的衍生、发展变化中逐渐形成了字节系、快手系、腾讯系、百度系等多个派系。按照运营属性的差异，短视频平台可分为四大类：工具型、内容型、社区型和垂直型，其中工具型和内容型平台最为常见，短视频平台分类如图 6-12 所示。

（2）**重视月活跃用户**。月活跃用户是短视频运营者在选择短视频平台时需要考虑的一个重要指标，通常月活跃用户越多，代表该短视频平台的活跃用户越多。《QuestMobile 中国移动互联网 2021 半年大报告》（见图 6-13）显示，短视频行业竞争激烈，其中字节系及快手系多产品占据头部阵营，其中极速版增长明显；在短视频双巨头导致的竞争压力下，其他平台的用户留存成为难题。

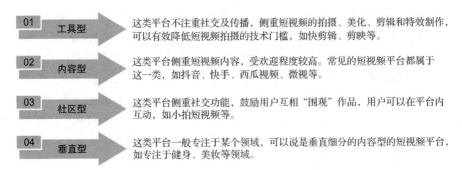

| 01 | 工具型 | ➤ | 这类平台不注重社交及传播，侧重短视频的拍摄、美化、剪辑和特效制作，可以有效降低短视频拍摄的技术门槛，如快剪辑、剪映等。 |
| 02 | 内容型 | ➤ | 这类平台侧重短视频内容，受欢迎程度较高。常见的短视频平台都属于这一类，如抖音、快手、西瓜视频、微视等。 |
| 03 | 社区型 | ➤ | 这类平台侧重社交功能，鼓励用户互相"围观"作品，用户可以在平台内互动，如小拍短视频等。 |
| 04 | 垂直型 | ➤ | 这类平台一般专注于某个领域，可以说是垂直细分的内容型的短视频平台，如专注于健身、美妆等领域。 |

图 6-12　短视频平台分类

图 6-13　月活跃用户数据

（3）**增加用户时长**。用户时长反映的是短视频平台的深度运营能力。《QuestMobile 中国移动互联网 2021 半年大报告》（见图 6-14）显示，短视频平台涵盖内容形式愈加多样，与娱乐直播、带货直播等密切融合，驱动用户时长进一步增加，其中，头部应用日均使用时长 30 分钟以上的用户占比均超六成。

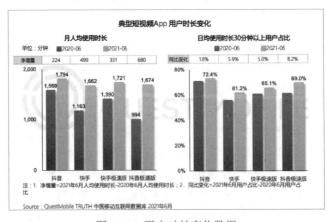

图 6-14　用户时长变化数据

### 2. 用户运营

短视频的内容再好，如果没有足够多的用户，短视频的曝光率也无法得到保障，短视频成为爆款的可能性就会很低，这势必会影响运营的效果。

图 6-15 所示为短视频的推广方式，为了让更多的用户看到我们创作的短视频，以达到引流的目的，我们可以通过该图中所示的几种方式对短视频进行推广。

图 6-15　短视频的推广方式

（1）**多渠道分享**。短视频平台大多是有分享功能的，我们可以利用这一功能将短视频分享到更多的平台上，让更多的用户看到。如果短视频有足够的吸引力，自然会得到越来越多的用户的关注和认可，其成为爆款的概率就会大大增加，运营的效果也会更好。

① 站内好友。短视频平台本身就是一个比较好的分享渠道，短视频创作者在发布短视频后，可以将其分享给该平台上的好友。以抖音为例，在短视频右下角点击"更多"按钮●●●，弹出"私信给朋友"页面，页面中显示了抖音好友，选择想要分享的好友，同时可以写一些推荐语，然后点击"发送"按钮，即可将其发送给指定站内好友，站内好友分享如图 6-16 所示。

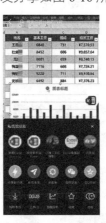

图 6-16　站内好友分享

🎓 **专家提示**

> 在将短视频分享给站内好友时，尽量选择人气较高和互动较多的好友。因为好友人气越高，短视频被分享后产生的影响力越大；与好友互动越多，好友帮忙继续分享的概率就越大。

② 微信朋友圈。微信作为目前国内较大的社交平台之一，拥有非常庞大的用户数量，而微信朋友圈更是人们日常社交的主要阵地，因此微信朋友圈也是短视频分享的一个非常好的渠道。

以抖音为例，在短视频右下角点击"更多"按钮○○○，弹出"私信给朋友"页面。在该页面中选择"朋友圈"，这时后台会自动下载该抖音短视频，下载完毕后，点击"发送视频到朋友圈"按钮，自动跳转到微信，然后选择下载的视频，发布即可，微信朋友圈分享如图 6-17 所示。

③ 微博。微博是国内主流社交媒体平台之一，用户量非常大，可以作为短视频分享的主要渠道之一。微博具有广场属性，有利于内容实现裂变传播。将短视频分享到微博，有利于提高短视频的曝光率，吸

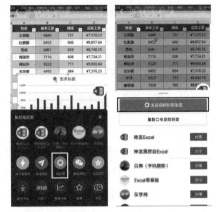

图 6-17　微信朋友圈分享

引更多的用户观看。将抖音短视频分享到微博的步骤与分享到朋友圈的步骤基本一致，此处不再赘述。

（2）**参与平台活动**。短视频平台本身是一个巨大的流量池。短视频创作者积极参与短视频平台发起的各种活动，展示自己的短视频，这样短视频账号及其内容就可能被更多的用户看到并关注。

短视频创作者怎样才能获得短视频平台活动信息，并参加活动呢？以抖音为例，短视频创作者可以通过"消息"—"抖音小助手"查看，图 6-18 所示为查看平台活动。

图 6-18　查看平台活动

获得短视频平台活动信息是第一步，要想让短视频在平台活动中脱颖而出，首先要研究短视频平台的活动要求，然后要根据活动要求做出有亮点的短视频。

参加平台活动，要确保创作的短视频符合活动要求，这样才能得到短视频平台的认可，获得更多的流量。因此，短视频创作者要研究清楚短视频平台的活动要求，具体需要做到以下两点，如图 6-19 所示。

| 明确活动目的 | 便于精准把握短视频的选题方向，突出主题，增加被平台推荐的概率。 |
| 了解活动规则 | 仔细研究活动规则，找准参与活动的切入点，然后创作短视频内容。 |

图 6-19　研究短视频平台的活动要求

参加平台活动的用户不计其数，竞争非常激烈，有亮点的短视频才有更大的概率被平台推荐，从众多短视频中脱颖而出。怎样才能让短视频更具亮点呢？短视频创作者可以从以下 3 个方面入手，如图 6-20 所示。

| 内容有个性 | 为短视频中的人物打造鲜明的个性特征，使短视频变得更有特色。 |
| 切入点独特 | 选择新奇的切入点，避免模板化套路，使观众眼前一亮，产生深刻印象。 |
| 发散性思维 | 从不同的角度解读活动规则，避开大众话题和视角。 |

图 6-20　让平台活动更具亮点

**（3）借助 KOL 做宣传。** KOL 是营销学上的概念，通常被定义为拥有更多、更准确的产品信息，且为相关群体所接受或信任，并对该群体的购买行为有较大影响力的人。

选择借助 KOL 做宣传是因为 KOL 的粉丝黏性很强，粉丝在价值观等方面都很认同他们，所以 KOL 的推荐是带有"光环"的，粉丝们通常会细读、点赞。

KOL 资源有很多，短视频创作者可以有针对性地选择利用，KOL 资源如图 6-21 所示。

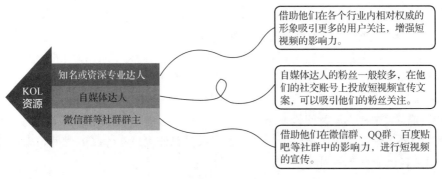

图 6-21　KOL 资源

## 6.4 短视频营销与运营数据分析

数据分析就像拍摄短视频一样，短视频是通过手机或相机将每一帧画面记录下来，而数据可以帮助短视频创作者将用户观看短视频的行为及反馈记录下来。

### 6.4.1 短视频营销与运营数据分析的意义

当短视频内容发布后，结果都是以数据为导向的，短视频创作者可以通过数据分析发现账号的问题，并及时做出调整。例如，当某个短视频的播放量急剧下滑时，短视频创作者就可以通过数据分析找出原因，弄清是短视频的内容不受欢迎，还是触犯了短视频平台的某些规则，然后根据原因做出相应的调整。短视频创

扫一扫

作者还可以通过数据分析调整运营策略，如分析受众的活跃时间点，及时调整短视频的发布时间。通过专业的数据分析制作出的内容更能迎合受众的喜好，提高短视频的点击率和关注度，获得更多的流量。

**1. 利用数据分析指导短视频的创作方向**

在短视频创作初期，短视频创作者可以利用数据分析指导短视频的创作方向。短视频创作者应尽量选择自己喜欢的创作方向，因为喜欢才能有动力持续不断地输出内容。例如，短视频创作者喜欢做饭，就可以制作 3～4 条美食类的短视频。

在运营初期，短视频创作者可以通过播放量和点赞量等数据判断用户喜欢哪些视频，它们有什么特点。例如，发布 4 条美食短视频，其中两条短视频介绍大菜的制作方法，另外两条短视频介绍快手菜的制作方法，获得数据后，对数据进行分析，归纳特点、总结经验，然后在总结经验的基础上优化内容策划、拍摄和后期制作。这样制作短视频的方向会越来越清晰，短视频创作者也就知道什么类型的美食、什么样的拍摄风格，以及什么样的包装和后期制作更吸引用户。

如果不清楚某个领域的短视频运营难度，先查看同类型短视频账号的数量及他们的粉丝数量，就可以大概判断出这个领域短视频的竞争程度。例如，同类型短视频创作者特别多，但是粉丝数量也都很多，那说明在这个领域涨粉相对容易，可以尝试进入该领域。

**2. 利用数据分析指导短视频发布时间**

选择短视频的发布时间非常重要，同样的内容在不同的时间发布，有时候效果相差很大。各个短视频平台的流量高峰时间不尽相同，短视频创作者需要对不同时间段的短视频进行数据分析以得出规律。例如，在抖音上，短视频创作者可以尝试在不同时间段发布短视频，观察在哪些时间段能够获得更高的推荐量和播放量；还可以通过分析同类型短视频创作者发布作品的时间，来选择最适合自己的发布时间。

### 3. 利用数据分析指导用户画像的构建

短视频创作者也要关注用户画像。例如，关注用户中的男女比例，如果女性用户居多，在制作内容的时候可以多从女性的角度出发，这样更能引起用户共鸣；还可以关注用户的年龄分布、地域分布等。短视频创作者可以构建用户画像，并利用用户特征进行短视频创作。

### 4. 利用数据分析指导短视频内容

通常来说，指导短视频内容的主要数据包括播放量、点赞量、评论量、转发量、收藏量和完播率等。

短视频的质量好坏通过以上几个数据指标基本上就可以判断出来。一般来说，100个播放量对应1个赞，如果点赞的比例太低，说明短视频的质量还有待提高。而评论量则间接地反映了粉丝黏性，如果评论量长期过低，那么应该加强与粉丝的互动，提高粉丝的活跃度。

## 6.4.2　短视频营销与运营数据分析的指标

在短视频营销与运营中，数据分析是不可或缺的环节，短视频营销与运营的分析和优化都需要建立在数据分析的基础上。

### 1. 固有数据

固有数据是指在短视频制作、发布的过程中产生的且不可通过外力进行改变的固定指标数据。发布时间、短视频时长、发布渠道等数据都是短视频营销与运营的固有数据。

### 2. 基础数据

基础数据包括短视频的播放量、评论量、转发量和收藏量等。这些基础数据是不断变化的，但是数据之间的比值通常是有规律的，如点赞率、完播率等。这些比值是短视频营销与运营数据分析的关键指标，是短视频选题调整和内容改进的重要依据。

点赞率反映了短视频的受欢迎程度。其计算公式如下。

$$点赞率 = 点赞量 / 播放量 \times 100\%$$

完播率是指完整观看短视频的用户数与所有观看短视频的用户数的比例。其计算公式如下。

$$完播率 = 完整观看短视频的用户数 / 所有观看短视频的用户数 \times 100\%$$

 **专家提示**

提高短视频的完播率需要抓住两点：①调整短视频的节奏，努力在5秒内抓住用户的眼球；②通过文案引导用户看完整个视频。

评论率可以反映出哪些选题更容易引起用户的共鸣，引起用户讨论的欲望。其计算公式如下。

$$评论率 = 评论量 / 播放量 \times 100\%$$

收藏率反映的也是短视频受欢迎的程度。其计算公式如下。

$$收藏率 = 收藏量 / 播放量 \times 100\%$$

转发率代表的是用户行为，转发率越高，账号的新增粉丝数就会越多。其计算公式如下。

$$转发率 = 转发量 / 播放量 \times 100\%$$

 **课堂讨论**

1. 你发布的短视频的时长是多少，发布时间和渠道分别是什么？
2. 你发布的短视频的点赞率、评论率怎么样？

### 6.4.3 短视频营销与运营数据分析的工具

要对短视频进行数据分析，我们需要借助一些平台、软件来获取数据、处理数据、展示数据。

**1. 卡思数据**

卡思数据是一款基于全网多个平台的数据开放平台，提供了全方位的数据查询、趋势分析、用户画像、视频监测、数据研究等服务，为短视频创作者在内容创作和用户运营等方面提供了数据支持，为广告主的广告投放提供了数据参考。

**2. 飞瓜数据**

短视频创作者可以利用飞瓜数据查看各短视频平台的运营数据，如播放统计、用户统计等，以更好地跟踪内容数据、优化选题。

**3. 西瓜数据**

西瓜数据可以呈现 24 小时内抖音中播放量、点赞量排名前 100 的短视频，还包括热门视频、热门音乐、博主榜单等，短视频创作者从中可以非常方便地掌握抖音的榜单趋势和动态。

**4. 可视化分析工具**

可视化分析工具可以对短视频的数据、信息进行统计处理，然后将处理后的数据转换为图表等可视化的形式，使其看起来更直观、清晰。最简单的可视化工具是 Excel，通过 Excel 对收集到的数据进行分类汇总，然后转换为图表进行展示。

 **课堂讨论**

你还知道哪些短视频营销与运营数据分析工具？

**素养课堂**

X牛在推出了慢燃纤维奶昔牛奶时，因为其面向的人群主要是"90后"和"00后"，为了将新品快速地渗透和触达目标人群，曝光新品，强化产品卖点，提高产品销量，它选择了在短视频的流量聚集地抖音上发起了一场＃全民挑战慢燃环＃挑战赛活动，引导参与者完成简单的挑战动作，并将挑战视频分享至抖音，引爆全平台对活动的关注。15位高人气抖音达人参与挑战，掀起全民模仿热潮，总播放量达742.6万次。短视频是现代年轻人乐于接受的一种新形式，短视频拍摄者和传播者应该提高自己的媒介素养和鉴赏能力，坚守法律和道德底线，围绕社会主义核心价值观制作和传播积极向上的短视频内容，自觉抵制短视频中的负面内容。

# 6.5　短视频营销案例

慢燃奶昔是某牛奶品牌企业新推出的一款慢燃纤维奶昔牛奶，主要面向"90后""00后"消费群体。

### 1. 营销背景

2018年抖音等短视频平台的火爆，让众多广告主看到了短视频的巨大商业价值，为了借势这波短视频流量红利，将这款慢燃纤维奶昔牛奶快速地渗透和触达目标人群，将产品进行曝光，强化产品卖点，提高产品销量，该企业发起了一场＃全民挑战慢燃环＃挑战赛活动，引导参与者完成简单的挑战动作，并将挑战视频分享至抖音，引爆全平台对活动的关注。

### 2. 营销策略与执行

① 为了保证挑战赛圆满成功，我们首先设置了与产品同名的＃全民挑战慢燃环＃话题。在挑战动作设置上，强调展示挑战者身体协调性的同时，更是对完美身材的另一种展示。

② 为了进一步引导全民参与，我们设置了实物大奖，通过利益引导用户参与。

③ 同时，为了制造抖音的霸屏效果，在双微端发布相关的活动信息，提前为活动进行预热和引流。

④ 活动执行期，邀请15位高人气抖音达人参与挑战，直接引导粉丝参与，第一时间占领市场。

### 3. 营销效果

活动期间，15位KOL抖音达人原创挑战赛视频抖音总播放量达742.6万次，互动量达35万＋次。抖音挑战赛话题＃全民挑战慢燃环 总参与量1.1亿次，深度触达目标人群，活动期间，新品慢燃纤维奶昔牛奶关注量骤增，线上线下销量大幅提高。

# 任务实训

## 实训 1　构建美食类短视频账号的用户画像

### 🎓 实训目标

了解短视频数据分析平台，并构建用户画像。

### 🎓 实训内容

（1）认识新抖。

（2）构建美食类短视频账号的用户的年龄和性别信息画像。

### 🎓 实训要求

（1）通过新抖查看美食类短视频账号的用户的信息。

（2）对收集的数据进行整理、分析，构建美食类短视频账号的用户的年龄和性别信息画像。

### 🎓 实训步骤

（1）通过抖音账号登录新抖数据分析平台，切换到"抖音号"，如图 6-22 所示。

图 6-22　新抖数据平台

（2）账号根据内容的不同分为"娱乐""才艺""萌宠""搞笑""二次元"等类别。此处选择"美食"，就可以看到美食类博主榜单，如图 6-23 所示。

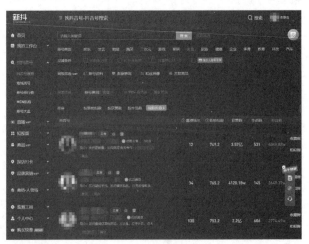

图 6-23　短视频账号分类

（3）在榜单中选择一个账号，单击进入相应账号后可以看到"数据概览""粉丝画像""短视频作品""带货商品""直播分析"5类数据。单击"粉丝画像"即可查看基本的用户信息数据，如粉丝性别比例、粉丝年龄分布等，如图6-24所示。

图 6-24　粉丝画像

 **专家提示**

数据分析平台大多是收费的，部分数据要成为会员才能看到。

（4）根据统计的10个账号的用户的性别和年龄分布数据，分析美食类短视频账号的用户的性别、年龄分布数据和性别、年龄分布情况，如图6-25和图6-26所示。

| 账号 | 性别 | | 年龄 | | | | | |
|---|---|---|---|---|---|---|---|---|
| | 男 | 女 | <18 | 18~23 | 24~30 | 31~40 | 41~50 | >50 |
| 账号1 | 27.87% | 72.13% | 0.77% | 14.24% | 32.63% | 37.69% | 12.63% | 2.04% |
| 账号2 | 21.79% | 78.21% | 1.57% | 10.80% | 26.31% | 38.14% | 21.00% | 2.18% |
| 账号3 | 23.28% | 76.72% | 1.44% | 13.33% | 28.45% | 35.07% | 18.22% | 3.49% |
| 账号4 | 34.92% | 65.08% | 1.80% | 12.98% | 29.78% | 35.63% | 18.58% | 1.23% |
| 账号5 | 25.39% | 74.61% | 1.50% | 16.85% | 24.64% | 35.79% | 18.34% | 2.89% |
| 账号6 | 22.79% | 77.21% | 1.04% | 12.12% | 23.93% | 44.26% | 14.50% | 4.15% |
| 账号7 | 29.11% | 70.89% | 1.52% | 13.52% | 31.46% | 38.52% | 10.92% | 4.06% |
| 账号8 | 34.54% | 65.46% | 0.95% | 14.26% | 21.45% | 43.61% | 16.13% | 3.60% |
| 账号9 | 24.29% | 75.71% | 1.01% | 19.33% | 26.38% | 35.90% | 15.47% | 1.91% |
| 账号10 | 22.02% | 77.98% | 0.88% | 20.33% | 21.79% | 37.20% | 17.77% | 2.03% |
| 平均值 | 26.60% | 73.40% | 1.25% | 14.78% | 26.68% | 38.18% | 16.36% | 2.76% |

图 6-25　性别、年龄分布数据

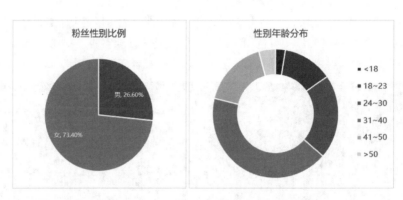

图 6-26　性别、年龄分布情况

### 实训 2　将快手中的短视频分享给站内好友，分享到微信朋友圈和微博

**实训目标**

掌握短视频的多渠道分享方法。

**实训内容**

将快手短视频分享到多个渠道。

**实训要求**

（1）将快手短视频分享给站内好友。

（2）将快手短视频分享到微信朋友圈。

（3）将快手短视频分享到微博。

**实训步骤**

（1）打开要分享的快手短视频，点击"分享"按钮，在"分享至"页面中选择要分享的站内好友，然后发送即可。

（2）打开要分享的快手短视频，点击"分享"按钮，在"分享至"页面中选择"微信朋友圈"，跳转到微信朋友圈，输入相关推荐语，点击"发送"按钮即可。

（3）打开要分享的快手短视频，点击分享按钮，在"分享至"页面中选择"新浪微博"，跳转到微博，输入相关推荐语，点击"发送"按钮即可。

 思考与练习 ● ● ●

#### 一、判断题

1. 短视频营销逐步发展成了一种新的营销方式，迅速占据了营销市场的一部分。（　　）

2．短视频营销融合了音频、视频等表达方式，但不包含文字，将事物具象化地展现在用户眼前，给用户带来了直接的视觉冲击，提高了营销效果。（　　）

3．短视频营销相对传统营销的成本较高。（　　）

4．进行内容选题策划的时候，短视频的内容能够博人眼球就可以，不需要保持内容垂直度。（　　）

5．短视频不可以采用图文形式展示。（　　）

## 二、单项选择题

1．与传统营销相比，下列选项中，不属于短视频营销优势的是（　　）。

  A．时长短，使碎片化时间得到利用

  B．价格更低

  C．购物体验更好、更高效

  D．成本低

2．下列选项中，不属于短视频表现形式的是（　　）。

  A．解说形式      B．脱口秀形式

  C．情景剧形式      D．小品相声形式

3．下列选项中，不属于短视频营销策略的是（　　）。

  A．重视内容创意     B．注重人设打造

  C．融入场景营销     D．固定单一渠道传播

4．下列选项中，不属于短视频账号昵称设置的原则的是（　　）。

  A．创新，有趣      B．与账号定位保持一致

  C．简单明了，好记忆    D．随时可以变动

5．下列选项中，属于用户动态信息数据的是（　　）。

  A．社会属性  B．商业属性  C．心理属性  D．社交属性

## 三、简答题

1．什么是短视频营销？

2．短视频营销主要有哪些优势？请说出其中 3 种。

3．常见的短视频表现形式有哪些？列举 5 种，并简要说明。

4．短视频营销与运营数据分析的意义有哪些？

5．短视频营销的策略有哪些？

第 7 章

# 直播营销与运营

 **学习目标**

√ 了解什么是直播营销以及各类直播平台的优势

√ 掌握直播风险的防范

√ 掌握直播营销的前期规划、过程控制和复盘总结

 **学习导图**

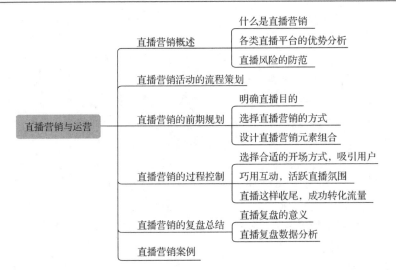

## 7.1 直播营销概述

近几年，直播一直是一个热门话题，国内众多社交平台都开通了直播功能。随着直播的火热，直播营销逐渐成了一种新兴的品牌营销方式。

### 7.1.1 什么是直播营销

直播营销是指在现场随着事件的发生、发展进程同时制作和播出节目的营销方式，该营销方式以直播平台为载体，以企业获得品牌曝光度的提高或销量的增长为目的。

扫一扫

直播营销之所以受到越来越多企业的青睐，主要是因为其具备三大特点，图 7-1 所示为直播营销的特点。

| 实时性 | 互动性 | 真实性 |
| --- | --- | --- |
| 直播可以让观众同步看到事件的发生、发展和结果，第一时间反映现场的状态。无论是投票还是新闻资讯，直播都可以实时呈现其最新进展。 | 企业能够通过直播对商品和品牌进行深入、详细的讲解，同时可以安排专业人员针对互动区用户的提问进行回答，使用户的问题得到及时解决。用户之间也可以针对直播当中发现的问题，进行发言互动，真正实现企业与用户、用户与用户之间的互动。 | 在直播过程中，企业可以把自己的生产、服务过程展示出来，更容易获得用户的信任。 |

图 7-1　直播营销的特点

**素养课堂**

县长和省领导上阵直播，端出硬核举措，当好群众知心人、贴心人，想方设法帮助农民们多销货、解难题、助脱贫，让战"贫"之路燃起"为民"之光。在"直播带货"的背后，我们看到的是各级领导扑下身子、更接地气的为民姿态，感受到的是永葆初心、为民吆喝的优良作风，扎扎实实办实事、解难事的新风清风扑面而来、沁人心脾。"直播带货"体现了"亲民对接"的创新思维。

### 7.1.2　各类直播平台的优势分析

直播营销迅速崛起之后，各类直播平台也相继出现，如快手、抖音、YY、斗鱼、虎牙直播、花椒直播等。这些直播平台按其主打内容可以分为五大类，图 7-2 所示为直播平台分类。

扫一扫

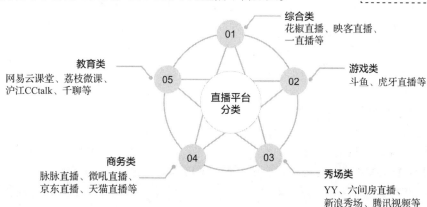

图 7-2　直播平台分类

第 7 章 直播营销与运营

**专家提示**

此分类以各个平台的主打内容为分类依据，实际上绝大多数直播平台并非单一属性，而是呈现出教育、游戏的多维度定位。

### 1. 综合类直播平台

综合类直播平台一般指集游戏、娱乐、户外等多种直播形式功能于一体的平台。这类平台在网络直播行业是比较有优势的，这主要得益于它的用户群体比较大，用户进入该平台后的选择余地较多，包括游戏直播、户外直播、校园直播、秀场直播等。

目前，综合类直播平台包括花椒直播、映客直播、一直播等。其中较典型的是一直播。一直播是一下科技旗下的一款娱乐直播互动 App，而一下科技已经与微博达成战略合作伙伴关系，因此一直播约等于微博直播。微博用户可以通过一直播在微博内直接发起直播，也可以通过微博直接实现观看、互动和送礼物等行为。一直播之所以包含丰富的直播类目，是因为微博用户本身具有多样化属性。

### 2. 游戏类直播平台

游戏类直播平台主要是针对游戏、电竞的实时直播平台。游戏行业一直是互联网巨头青睐的对象，特别是电竞行业在全球的快速发展，使得大量资本涌入游戏行业，促使互联网巨头不断加快国内电竞游戏类直播的布局。可见，电竞游戏类直播是互联网巨头们争夺的焦点。

目前，游戏类直播平台包括斗鱼、虎牙直播等。

### 3. 秀场类直播平台

秀场类直播从 2005 年开始在国内兴起，是直播行业起步较早的模式之一。秀场类直播是主播展示自我才艺的最佳形式之一，观众在秀场类直播平台浏览不同的直播间，相当于进入了不同的演唱会或才艺表演现场。

目前，秀场类直播平台包括 YY、六间房直播、新浪秀场、腾讯视频等。其中较典型的是六间房直播。六间房直播作为较早进入中国直播领域的企业，曾一度引领互联网视频娱乐消费的新方式。六间房直播早期以视频为主，随后转型为秀场类直播，包括歌曲、舞蹈、相声、朗诵、戏曲等不同形式的表演内容。

### 4. 商务类直播平台

商务类直播平台与游戏类直播平台、秀场类直播平台不同的是，它具有更多的商业属性，在商务类直播平台进行直播的企业，通常带有明确的营销目的。利用商务类直播平台，企业可以尝试以更低的成本吸引观众，并促成交易。

商务类直播平台可以分为两大类，即常规商务直播平台和电子商务直播平台，图 7-3 所示为商务类直播平台分类。

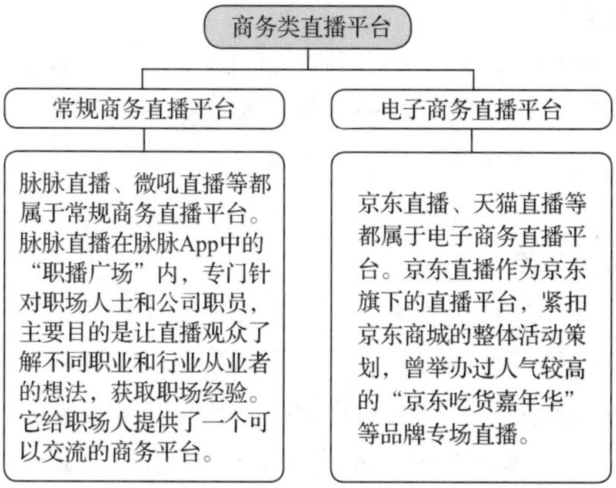

```
                    商务类直播平台
            ┌───────────┴───────────┐
      常规商务直播平台              电子商务直播平台
```

脉脉直播、微吼直播等都属于常规商务直播平台。脉脉直播在脉脉App中的"职播广场"内，专门针对职场人士和公司职员，主要目的是让直播观众了解不同职业和行业从业者的想法，获取职场经验。它给职场人提供了一个可以交流的商务平台。

京东直播、天猫直播等都属于电子商务直播平台。京东直播作为京东旗下的直播平台，紧扣京东商城的整体活动策划，曾举办过人气较高的"京东吃货嘉年华"等品牌专场直播。

图 7-3　商务类直播平台分类

### 5. 教育类直播平台

借着互联网的东风，有一群人在沪江 CCtalk、YY 教育等教育类直播平台"玩"起了学习新主张。全民直播的热潮已然蔓延至在线教育领域，行业巨头纷纷加入直播战队，在线教育逐渐进入新纪元。

传统的在线教育平台以视频、语音、PPT 等形式为主，虽然呈现形式足够丰富，但互动性不强，无法做到实时答疑与讲解。而直播正好可以弥补这些不足，因此教育类直播平台得到了迅速发展，其中网易云课堂、沪江 CCtalk 等平台是直接在原有在线教育平台的基础上增加了直播功能；而千聊、荔枝微课等平台则属于独立开发的教育类直播平台。

 **课堂讨论**

1. 你了解哪些直播平台？
2. 你最常用的直播平台是哪个？它的优势在哪儿？

### 7.1.3　直播风险的防范

由于直播是直接将现场情况呈现在用户面前的，没有剪辑与后期加工，因此企业在进行直播营销策划时，必须做好风险防范。否则在直播过程中，一旦出现失误，不仅无法达到企业营销的目的，还可能会损害企业的品牌形象。

在直播营销策划时，企业必须对直播可能出现的风险进行预测防范，以防止造成不必要的麻烦。

扫一扫

### 1. 严防环节设置漏洞

策划一场直播活动，主办方必须提前对直播活动各环节进行模拟、彩排、反复推演，尤其是在"转发抽奖""扫码领取红包"等环节，应采取措施防止奖品或红包被恶意领走，而导致大量观众无法获得奖品或红包，从而引发用户的不满、争议。

### 2. 反复测试软硬件

为了达到最佳的网络直播效果，新媒体团队需要在直播前对所有软硬件进行反复排查与测试。一方面，需要熟悉直播平台的使用及各环节软硬件的配合，防止误操作；另一方面，需要对网站、服务器进行反复测试，防止大批观众涌入而造成服务器瘫痪。

### 3. 严格审核主持词

随着直播平台用户规模的不断扩大，直播俨然已经成了社交、娱乐等场景的重要入口，因此相关部门也开始重点管理直播平台。国家广电总局、国家网信办等陆续公布了多项管理规定，以保障直播平台和用户的安全。

企业必须对主持人或主播的主持词进行严格审核，防止由于"信口开河"而违反相关规定。错误的主持词不但会影响企业口碑，还有可能触犯法律。

### 4. 实时监控弹幕

弹幕是指观看直播的用户发送的简短评论，可以以滚动、停留等特效方式出现在屏幕上。

主持人或主播的发言可以提前审核，但弹幕无法在直播前进行预估，只能依靠现场管理。直播平台通常可以设置"房管"，在直播间主播发言的同时，房管可实时监控网友弹幕，对于利用弹幕发布低俗、过度娱乐化、宣扬拜金主义和崇尚奢华等消极内容的用户，可以直接取消其发言的权利；对于情节严重的可以将其发言截图保存，移交公安机关处理。

### 5. 检查侵权

企业直播营销通常需要多种物料的支持，如背景板、贴图、玩偶、吉祥物等。企业在直播前必须对这些物料进行仔细检查，避免使用可能侵权的物料，给企业带来不必要的麻烦。

## 7.2 直播营销活动的流程策划

一场商业直播活动，看似只是一个人或几个人对着镜头说说话、唱唱歌、玩玩游戏、卖卖产品而已，但其背后有着非常明确的直播营销目的，如提升企业品牌形象、提高产品销量、引流涨粉等。

扫一扫

要达到自己的营销目的，就必须根据自己的直播目标做好直播流程策划。只有将流程捋顺，才有可能实现直播间高转化的产出。

直播规划从直播流程上可以分为直播前规划、直播中规划和直播后规划3个部分。直播前规划又可以细分为设计整体思路和筹备直播，直播中规划主要是直播执行的规划，直播后规划可以细分为做好二次传播和进行复盘总结，图7-4所示为直播规划5步走。

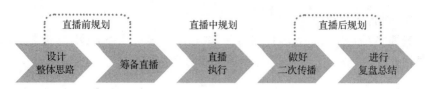

| 设计<br>整体思路 | 筹备直播 | 直播<br>执行 | 做好<br>二次传播 | 进行<br>复盘总结 |

图 7-4　直播规划 5 步走

### 1. 设计整体思路

无论做什么，大局观念都很重要，因此直播营销的首要工作就是设计整体思路。在准备直播营销策划方案前，你必须先理清整体思路，然后有目的、有针对性地策划与执行。如果没有整体思路的指导，整场直播营销很可能只是好看、好玩而已，并不能达到实际的营销目的。

直播营销的整体思路设计包括 3 个部分，即目的分析、方式选择和元素组合，图 7-5 所示为直播营销的整体思路设计。

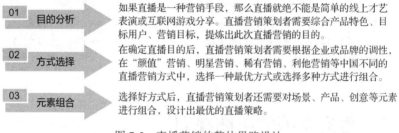

| 01 | 目的分析 | 如果直播是一种营销手段，那么直播就绝不能是简单的线上才艺表演或互联网游戏分享。直播营销策划者需要综合产品特色、目标用户、营销目标，提炼出此次直播营销的目的。 |
| 02 | 方式选择 | 在确定直播目的后，直播营销策划者需要根据企业或品牌的调性，在"颜值"营销、明星营销、稀有营销、利他营销等中国不同的直播营销方式中，选择一种最优方式或选择多种方式进行组合。 |
| 03 | 元素组合 | 选择好方式后，直播营销策划者还需要对场景、产品、创意等元素进行组合，设计出最优的直播策略。 |

图 7-5　直播营销的整体思路设计

### 2. 筹备直播

俗话说："兵马未动，粮草先行。"直播前，首先，需要将直播营销方案做好；其次，需要提前对直播过程中可能用到的软硬件设备进行测试，防止因设备问题而影响最终的直播效果；最后，为确保直播当天的人气，还需要提前对直播活动进行预热宣传，鼓励粉丝提前或准时进入直播间。

### 3. 直播执行

虽然前期的整体思路设计、直播筹备都是为了确保直播现场执行流畅，但是观众看不到这些准备，只能看到直播现场的情况。因此，为了达到预期的直播营销目的和效果，主持人及现场工作人员需要尽可能地按照前期做好的直播营销方案执行，使直播开场、直播互动、直播收尾等环节顺利推进，以确保直播顺利完成。

### 4. 做好二次传播

直播的过程可能只有几个小时，但是直播结束并不意味着营销结束。在直播结束之后，直播营销团队还需要对直播涉及的图片、文字、视频等进行再次加工、包装，通过互联网进行二次传播，让未观看到现场直播的用户也可以看到直播的视频，实现直播营销效果的最大化。

### 5. 进行复盘总结

直播二次传播一段时间后，直播营销接近尾声时，直播营销团队还需要对直播营销进行复盘总结，图 7-6 所示为直播营销的复盘总结。

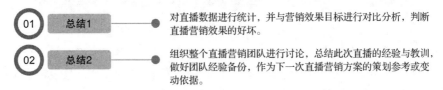

图 7-6　直播营销的复盘总结

**专家提示**

　　虽然二次传播与复盘总结都是在现场直播结束后进行的，但是直播组织者或策划者在直播开始前就应该做好二次传播与复盘总结的准备。例如，提前设计好数据收集的统计代码、路径；判断直播平台的数据分析功能情况，如果数据不够细致，可以提前安排统计人员，对不同时间段、不同环节的互动情况等进行统计，以便于后续分析。

# 7.3　直播营销的前期规划

在进行直播营销前，企业需要对直播营销的目的、方式和策略等进行分析规划，以将直播活动信息传递给更多的用户，并对直播活动中可能用到的设备、器材、场景等进行筹备，确定直播营销的每个环节，为直播活动做好准备，以提高直播营销的效果。

扫一扫

### 7.3.1　明确直播目的

在进行直播营销前，企业一定要明确直播的目的，如是单纯营销还是提高知名度。

如果企业只是想提高产品销量，那直播主题应该是卖货，以吸引用户购买；如果企业是想通过直播提高企业知名度和增强品牌影响力，那么直播的主题应该是有效加强目标用户对品牌的认可，使其对品牌产生更深刻的印象。

通常按照直播的目的，直播营销可以大致分为短期营销、持久性营销和提高知名度营销 3 种类型，如图 7-7 所示。而持久性营销是直播中最常见的一种类型。本小节以提炼持久性营销的直播

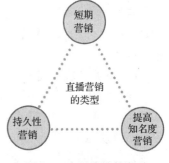

图 7-7　直播营销的类型

目的为例来进行介绍。

直播团队可以从产品、用户和营销目标 3 个方面来提炼直播目的。

### 1. 产品

#### （1）梳理产品的优势和劣势

直播团队在策划直播主题时，应该先分析梳理产品的优势和劣势，在直播中宣传产品的优势，尽量避免暴露产品的劣势。

#### （2）提炼产品亮点和关键词

直播团队需要提炼产品亮点和关键词，在直播策划时将产品亮点和关键词巧妙地植入直播环节中，以便向观看直播的用户进行传达。

① 产品亮点通常会出现在嘉宾试用分享、直播预热活动、直播后期的二次传播环节中，因此，直播团队需要对产品在直播场景下的优势进行提炼，如"美白""细腻"等。

② 产品关键词通常会出现在主播口播中或直播道具上，因此直播团队需要用 3 ~ 5 个简练的词语来概括产品，如"新款""红色""羽绒服"等。

#### （3）推送与产品相关的实用知识和技巧

在直播中给用户推送一些实用的知识和技巧，可以使用户对商家产生好感，并最终成为商家的粉丝。

例如，某知名化妆品的商家在直播中，不仅有产品的直接展示，而且会告诉用户怎样选择适合自己的产品，以及应该怎样护肤、化妆，让用户在购物的同时还学到了很多知识。

许多用户在看完直播后都有一定的收获，所以也会对下次直播充满期待，这就是持久性营销的直播目的，即实现销售的长久性，专注于吸引用户。

### 2. 用户

"顾客就是上帝"，这句话在直播行业同样适用。因为用户决定了直播的火热与否，没有人气的直播是无法进行并维持下去的。因此，直播主题的策划应以用户为主，从用户角度出发。

从用户角度出发，最重要的是了解用户究竟喜欢什么，对什么感兴趣。

为什么有些直播如此火热，有那么多用户观看？主要原因是这些直播迎合了用户的口味。例如，某直播账号专门直播介绍微胖女生的穿搭技巧。在直播中，该微胖主播亲身试穿不同的服装，为用户展现服装搭配的技巧，如果用户觉得主播试穿的衣服也适合自己，就可以点击相关链接直接购买。

### 3. 营销目标

企业的营销目标往往不止一个，如年度目标、季度目标、月度目标等。这些目标不能简单地通过一场直播就全部实现。直播团队在策划直播时，需要找到各个营销目标与直播契合的关键点，然后通过直播将其逐步实现。

直播团队在分析营销目标时，要尽可能做到明确、规范和科学，遵循 SMART 原则。SMART 原则如图 7-8 所示。

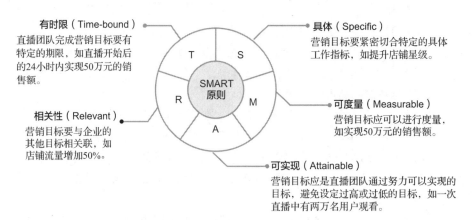

有时限（Time-bound）
直播团队完成营销目标要有特定的期限，如直播开始后的24小时内实现50万元的销售额。

相关性（Relevant）
营销目标要与企业的其他目标相关联，如店铺流量增加50%。

具体（Specific）
营销目标要紧密切合特定的具体工作指标，如提升店铺星级。

可度量（Measurable）
营销目标应可以进行度量，如实现50万元的销售额。

可实现（Attainable）
营销目标应是直播团队通过努力可以实现的目标，避免设定过高或过低的目标，如一次直播中有两万名用户观看。

图 7-8　SMART 原则

### 7.3.2　选择直播营销的方式

扫一扫

为了吸引用户观看直播，直播团队需要设计几个直播吸引点，并结合前期宣传覆盖更多用户。

#### 1. 直播营销的常见方式

根据直播吸引点划分，直播营销的常见方式有 7 种，如图 7-9 所示。

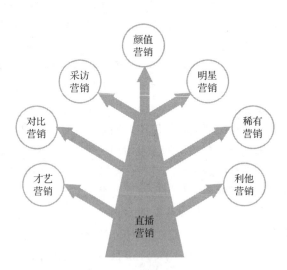

图 7-9　直播营销的常见方式

这 7 种直播营销方式各有各的特点，下面一一进行介绍。

**（1）颜值营销**

在直播经济中，"颜值就是生产力"的说法已经得到多次验证。颜值营销的主持人多是帅气的男主播或靓丽的女主播，高颜值吸引了大量粉丝"围观"与打赏，大量粉丝"围观"带来的流量是品牌方增加曝光量的重要手段。

**（2）明星营销**

明星经常会占据娱乐新闻的头版头条，明星的一举一动都会受到粉丝的关注，因此当明星出现在直播中与粉丝互动时，通常会出现比较热闹的直播场面。明星营销适用于预算较为充足的项目。在明星筛选方面，企业应在预算范围内寻找最贴合产品及消费者属性的明星进行合作。

**（3）稀有营销**

稀有营销适用于拥有独家信息渠道的企业，其中包括独家冠名、知识版权、专利授权、唯一渠道方等。稀有产品往往备受消费者追捧，而在直播中，稀有营销不仅仅体现在直播为观众带来的独特视角上，还体现在利用稀有内容提高直播间人气上，这对于企业而言是最佳的曝光机会。

**（4）利他营销**

直播中常见的利他行为主要是知识的分享和传播，旨在帮助观众增强工作和生活技能以及动手能力。与此同时，企业可以借助主持人或嘉宾的分享，传授产品使用技巧、分享生活知识等。利他营销主要适用于美妆护肤类及时装搭配类产品，如主播经常使用某品牌的化妆品向观众展示化妆技巧，在向观众传授美妆知识的同时，也提高了产品的曝光度。

**（5）才艺营销**

直播是才艺主播的展示舞台，无论主播是否有名气，只要才艺过硬，都可以吸引大量的粉丝"围观"，如舞蹈、瑜伽、脱口秀等都可以通过直播获取大量关注该才艺领域的忠实粉丝。才艺营销适用于展示才艺所使用的工具类产品，如展示舞蹈需要穿舞蹈鞋、舞蹈服等，制作或销售舞蹈鞋、舞蹈服等的企业就可以与有舞蹈技能的主播合作。

**（6）对比营销**

有对比就会有优劣之分，消费者往往会偏向于购买更具优势的产品。当消费者无法识别产品的优势时，企业可以通过与竞品或自身上一代产品的对比直观展示产品的差异，以增强产品的说服力。

**（7）采访营销**

采访营销指主持人采访名人嘉宾、路人、专家等，以互动的形式，通过他人的立场阐述对产品的看法。采访名人嘉宾有助于增加观众对产品的好感，而采访路人有利于拉近与观众之间的距离，增强观众对产品的信赖感。

**2. 直播营销的方式选择**

直播团队在策划直播方案前，可以根据营销目的，从用户角度出发，挑选或组合出最佳的直播营销方式。

直播营销的重点工作可以分为推新品、讲产品、树口碑、促销售 4 类，如图 7-10 所示。

图 7-10　直播营销的重点工作

直播团队在进行直播策划时，需要结合不同直播营销方式的特点，根据直播活动的重点，进行选择或组合搭配。

**（1）颜值营销——"推新品""讲产品"**

"颜值"营销可以把"推新品"与"讲产品"作为直播重点，通过颜值高的主播进行新品展示或产品的详细讲解。

**（2）明星营销——"推新品""树口碑""促销售"**

由于明星颇受粉丝关注，"促销售"可以作为重中之重来设计，也可以通过明星营销来"推新品""树口碑"。与颜值营销不同，明星一般不能就产品侃侃而谈，因此"讲产品"一般不作为明星营销的重点。

**（3）稀有营销——"推新品""讲产品""树口碑"**

稀有营销常以发布会直播的形式出现，现场可以展示新品、讲解现有产品，可以提升口碑。现场邀请粉丝谈感受、讲心得，则是从侧面对产品质量与品牌进行背书。

**（4）利他营销与才艺营销——"推新品""促销售"**

利他营销与才艺营销的营销重点是"推新品""促销售"，通过现场展示或道具引申，向直播间观众展示新产品，达成直播销售。

**（5）对比营销——"讲产品"**

对比营销的重点在于"讲产品"，通过对比，突出产品的差异化优势，从而让观众对产品购买及使用更有信心。

**（6）采访营销——"树口碑"**

采访营销通常以室外采访居多，对产品本身的展示与讲解较少，更多是通过被采访者之口说出产品的使用心得及感受，从而起到"树口碑"的作用。

需要特别注意的是，不同的直播营销方式并不是相互独立的，将直播营销方式进行组合，可以强化营销重点，达到"1+1>2"的效果。

### 7.3.3　设计直播营销元素组合

直播营销元素组合在直播中起着承上启下的作用，一方面便于直播目的和直播方式的落地实施，另一方面便于直播的执行。因此直播团队在明确直播目的并选择好合适的直播方式后，还需要对直播营销元素进行优化组合。

扫一扫

直播营销有 4 个关键元素，分别是产品、人物、场景和创意，图 7-11 所示为直播营销的关键元素。

这 4 个关键元素会影响直播营销的整体效果，因此直播团队需要对这 4 个关键元素进行优化组合。

直播团队将直播营销的 4 个关键元素进行随机组合，可以组成多个策略模板，即什么样的人在什么场所购买了某产品，并在什么场所使用后，获得了什么样的效果，然后通过直播的形式把以上环节展示给观众，让观众了解产品、购买产品。

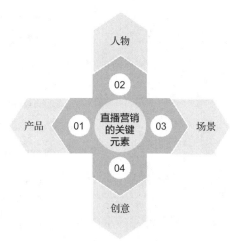

图 7-11  直播营销的关键元素

例如，一款男士洁面啫喱采用了金属瓶身，其气压罐设计有助于自发泡。直播团队明确了产品的这一特点后，可以采用高颜值男主播进行室内直播的方式，通过主播的讲述和亲身试用来展示产品。

① 轻轻摇晃瓶身，唤醒瓶内泡沫，挤出黑色啫喱进行展示，静置后等待黑色泡沫变成白色。

② 将泡沫挤到杯子里，把杯子倒过来后泡沫并没有流下，展现泡沫的绵密程度。

③ 挤出泡沫并捏成猫耳朵的形状，展现泡沫的紧实程度。

# 7.4  直播营销的过程控制

在直播过程中，消费者最直接看到的就是主播，最直接感受到的就是主播的话术。什么时候该说什么话、每个产品介绍多久、过程中如何引导消费、结束之前怎样收尾等都是主播需要关注的内容。

## 7.4.1  选择合适的开场方式，吸引用户

一个好的开场，不仅能调动直播间的气氛，更能展现主播的风采、赢得观众认可；一个糟糕的开场，却能将直播间气氛降至冰点，让观众从一开始就对直播失去兴趣。

直播的开场要尽可能引发观众的兴趣，调动观众的积极性，特别是可以抛出一些直播的亮点，引导观众邀请朋友进入直播间。因而一场直播的开场的首要目的就是引发观众的兴趣，尽可能让更多人看到直播。常见的直播开场方式有直白开场、提问开场、故事开场、任务开场和福利开场等，直播开场方式如图 7-12 所示。

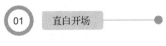

| 01 | 直白开场 | 直白开场是直接告诉观众直播的相关信息，包括主播个人信息、直播主题、时长、流程等；或者在开场中提前介绍直播中的精彩环节，如才艺、抽奖、彩蛋、发红包等，以吸引观众，促进留存。 |
| --- | --- | --- |
| 02 | 提问开场 | 提问开场是主播在直播开场时通过提问的方式了解观众，增强观众的参与感。一方面，这可以让主播更快地了解观众的喜好，更好地调整直播内容；另一方面，这可引导观众思考与直播相关的问题。 |
| 03 | 故事开场 | 相较于枯燥的开场白，故事开场更具有趣味性，更容易让观众产生兴趣。而且，故事开场可以将观众带入直播所需的场景，能更好地开展接下来的直播环节。 |
| 04 | 任务开场 | 任务开场是主播在直播开场时给观众一个小任务，通常这个小任务是伴随着奖励的，主播可以让获奖的观众提出要求，或者向其赠送一个小礼品等。 |
| 05 | 福利开场 | 开场发福利是最好、最有效的活跃气氛的方法，很多带货主播在开场的时候，最常做的一件事就是抽奖，这可以极大地调动观众的积极性和其他刚进直播间的观众的情绪。 |

图 7-12　直播开场方式

### 7.4.2　巧用互动，活跃直播氛围

之所以有那么多人愿意看直播，是因为直播充满互动，互动可以拉近主播和观众之间的距离。

扫一扫

常见的直播互动包括弹幕互动、话术互动、活动互动和连麦互动等。

#### 1. 弹幕互动

弹幕是一种在直播中，以字幕形式呈现的评论，与直播内容同在一个页面中。弹幕会实时在直播页面中呈现，用户在观看直播时能够看到其他用户和自己发送的弹幕。

弹幕是针对直播内容进行的情感抒发与交流互动，比较短小精悍，但是能比较准确地表达意思，形成影响力和促进情感交流。

直播弹幕更进一步，不仅提供了即时反馈、实时互动，好的弹幕还会使内容得到升华，并且快速传播，形成一个新的宣传阵地。

因此，主播在直播时要多看弹幕，在弹幕中寻找话题，借此开展互动。主播可以围绕某个用户的留言、评论、所提的问题进行回应，以促进用户讨论。

#### 2. 话术互动

在直播中，主播利用话术互动可以很好地控制直播间的节奏，而且一定的话术互动可以增强直播间的影响力，直击观众痛点，迅速完成转化。

在直播过程中，主播与观众实时互动，可以让观众感知到切身服务，其诉求可以较快得到回应；主播也能够很快得知观众的反馈。图 7-13 所示为直播话术互动，主播可以通过图 7-13 所示的直播话术进行互动。

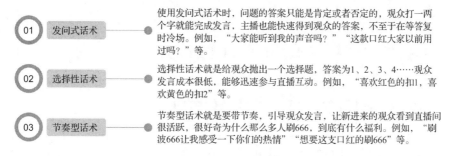

| 01 | 发问式话术 | 使用发问式话术时，问题的答案只能是肯定或者否定的，观众打一两个字就能完成发言，主播也能快速得到观众的答案，不至于在等答复时冷场。例如，"大家能听到我的声音吗？""这款口红大家以前用过吗？"等。 |
| 02 | 选择性话术 | 选择性话术就是给观众抛出一个选择题，答案为1、2、3、4……观众发言成本很低，能够迅速参与直播互动。例如，"喜欢红色的扣1，喜欢黄色的扣2"等。 |
| 03 | 节奏型话术 | 节奏型话术就是要带节奏，引导观众发言，让新进来的观众看到直播间很活跃，很好奇为什么那么多人刷666，到底有什么福利。例如，"刷波666让我感受一下你们的热情""想要这支口红的刷666"等。 |

图 7-13 直播话术互动

### 3. 活动互动

活动互动是指在直播过程中，主播利用各种各样的直播活动与观众互动，如发红包、抽奖、发优惠券等。

有效的活动互动可以调动观众的积极性，吸引观众参加活动，从而刺激观众消费，最终达到引流变现的目的。

### 4. 连麦互动

众所周知，连麦是直播互动的有效技巧之一，特别是跟大主播连麦，在一定程度上可以为自己带来人气。直播连麦的主要作用是通过互动来提高直播间的人气，有效增加双方直播间观看、互动和停留人数，有效增加双方主播粉丝。

主播和观众进行连麦互动，一方面能够带给观众更直接的参与感，有利于提高直播平台用户活跃度和增强用户黏性；另一方面可以让观众根据自己的关注点对商品提问，为观众塑造临场感，激发观众的购买欲望。连麦互动的流程如图 7-14 所示。

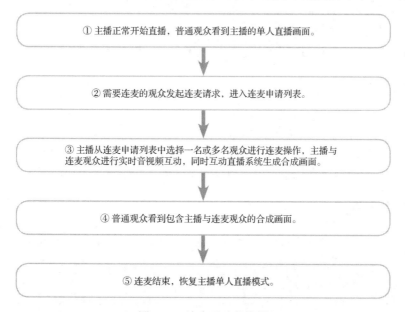

① 主播正常开始直播，普通观众看到主播的单人直播画面。

② 需要连麦的观众发起连麦请求，进入连麦申请列表。

③ 主播从连麦申请列表中选择一名或多名观众进行连麦操作，主播与连麦观众进行实时音视频互动，同时互动直播系统生成合成画面。

④ 普通观众看到包含主播与连麦观众的合成画面。

⑤ 连麦结束，恢复主播单人直播模式。

图 7-14 连麦互动的流程

**课堂讨论**

1. 你参与过直播互动吗？
2. 你喜欢哪种直播互动方式？

### 7.4.3 直播这样收尾，成功转化流量

直播的营销效果，除了与直播开场的吸引程度和直播过程的互动程度有关外，还与直播收尾的引导有关。

扫一扫

直播结束后，主播首先要解决的是流量问题，直播过程中无论有几十万人还是几百万人观看，一旦直播结束，用户就会马上散去，流量也会随之清空。因此，为了对直播间的流量进行有效转化，主播在直播收尾时，一定要做好的工作就是对直播间的流量进行定向引导。直播间引流方向如图7-15所示。

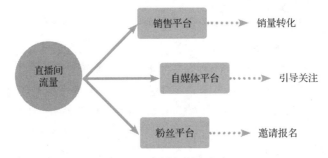

图 7-15　直播间引流方向

#### 1. 销售平台——销量转化

直播最直接的流量转化就是主播将流量引至销售平台，引导用户打开销售链接，促成用户购买。

通常能在直播间留到最后的用户都是对直播感兴趣的用户，这部分用户的销售转化率一般相对较高。主播可以在直播收尾的时候给予这部分用户一些福利，对这些用户加以引导，以促成用户的购买。

例如，主播在直播收尾时告诉用户一个暗语，并告知用户，将暗语发送给客服，就可以得到一张优惠券，实现优惠购买。

**专家提示**

直播收尾的销售转化一定要有利他性，让用户感觉到主播确实帮其省钱了，或者帮其抢到了供不应求的产品；否则，主播在直播收尾时植入过于生硬的广告，只会引起用户的反感。

### 2. 自媒体平台——引导关注

大多数企业都有自己的自媒体账号，在直播收尾的时候，主播可以将自媒体账号及关注方式告知用户，引导用户关注，以便在直播结束后通过自媒体账号继续向用户传达企业信息。

例如，主播可以在直播收尾时说："主播马上就要下播了，感谢大家的陪伴，想要了解更多、更新的打折促销信息和新品信息，可以关注我们的微信公众号，关注后，回复'福利'两个字，还可以获得 100 元的代金券，在直播间购物时可以直接抵扣哦！"

### 3. 粉丝平台——邀请报名

对于在一场直播中表现积极的用户，主播可以在直播收尾时邀请其加入粉丝群，然后通过后续粉丝群的运营，将这些用户发展为忠实粉丝。

例如，主播在直播收尾时告诉用户，想要继续与主播互动、了解产品情况，可以加入粉丝群，群主会在粉丝群中不定期地发放福利，以吸引用户入驻粉丝平台。

## 7.5 直播营销的复盘总结

对于直播团队来说，要想让下一次直播的营销效果更好，主播在下播后进行复盘显得十分必要。几乎所有的头部主播都会在每场直播结束后进行直播复盘，对刚结束的直播过程进行梳理，至此，一场直播活动才真正结束。

### 7.5.1 直播复盘的意义

所谓直播复盘，就是在直播结束后对直播过程进行梳理，预先是怎么设定的，中间出了什么问题，为什么没做到，总结经验，给接下来的工作提供参考。

直播复盘通常具有以下几个方面的意义。

### 1. 摸索规律，使工作流程化

在直播的开场、过程、收尾，我们都会使用一些方法，这些方法有时可以起到事半功倍的效果。但是这些方法并不是固定、唯一的，我们需要通过不断摸索，找到最适合自己的方法。通过直播复盘，我们可以看到哪些方法更适合自己，可以让整个直播工作更加流程化。

### 2. 发现不足，及时修正

通过直播复盘，我们会发现直播中存在的不足，把这些不足记录下来，进行改正优化，下次就能避免产生同样的问题，使得每一次直播都比上次更好。

### 3. 分析突发状况，找到解决方案

直播时，我们经常会遇到一些突发状况。直播复盘时，我们要将这些突发状况记录在案，并进行分析总结，找出对应的解决方案，以后再遇到类似的突发状

况时就能沉着应对。

### 7.5.2 直播复盘数据分析

直播营销效果最终都要以数据形式展现，只有做好严谨、全面的直播复盘数据分析，才能让下次的直播营销效果更好。

扫一扫

#### 1. 直播数据概览，展示主播带货力

进行直播复盘数据分析，首先需要知道整场直播的基础数据，如直播时长、主播粉丝量、带货口碑、人气数据及带货数据等，初步判断直播间的控场人气和带货效果。

图 7-16 所示为某直播间数据概览，该直播间的平均在线人数为 20.8 万，本场销量为 72.6 万元，本场销售额为 8042.4 万元，带货效果超过当日抖音平台 99.99% 的播主，该主播的带货力可谓惊人。

图 7-16　某直播间数据概览

#### 2. 带货商品详情，了解"爆品"信息

直播间的销售成绩和选品策略紧密相关，直播间的高销量商品可以反映观众的购买意愿，指导下次选品。

图 7-17 所示为某直播间带货商品数据，该直播间共上架 92 件商品，其中"××水衡透润水乳套装"预估销量为 4.6 万套，远超其他商品，说明这款商品对观众的吸引力是很强的，可以考虑在后续的直播中持续推广。

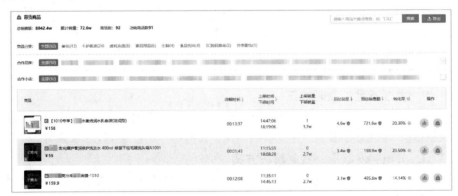

图 7-17　某直播间带货商品数据

### 3. 观众画像，了解观众的消费力和消费意向

通过年龄、地域等基础画像，我们可以初步判断直播间观众的消费力。

图 7-18 所示为直播间观众画像，该直播间 86.22% 的观众是女性，年龄为 18 ～ 35 岁的观众占了 85% 以上，其中年龄为 25 ～ 30 岁的观众占了 38.04%。

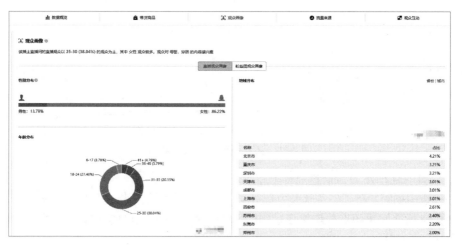

图 7-18　直播间观众画像

除此以外，结合观众购买偏好、价格偏好和视频内容兴趣等，我们可以了解直播间观众喜欢购买什么类型、什么价位的商品，以及对什么类型的视频感兴趣。

图 7-19 所示为直播间观众画像，该直播间 21.26% 的观众对女装的兴趣度较高，价格偏好为 100 ～ 300 元的观众占比最高，那么后续在选品时，就可以考虑多挑选价格为 100 ～ 300 元的女装。

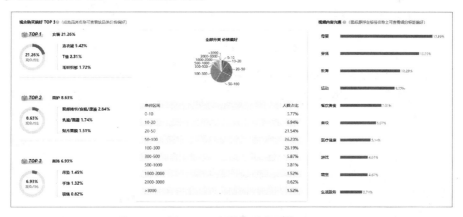

图 7-19　直播间观众画像

通过视频内容兴趣，我们可以看出直播间观众平时喜欢看母婴方面的视频，那么在制作引流视频时，就可以多关注母婴视频，增强视频的吸引力。

### 4. 流量来源，掌握直播转化的节奏

以抖音直播为例，通常直播间入口主要有以下 4 个：关注、视频推荐、同城和其他。其中，视频推荐和其他也包含了付费流量。

图 7-20 所示为某直播间流量来源数据，这场直播有 71% 的观众来自其他。

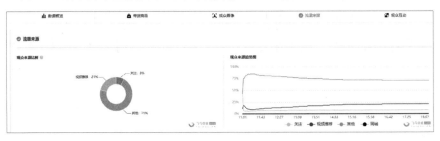

图 7-20　某直播间流量来源数据

图 7-21 所示为直播预热视频数据，从图中的直播预热视频可以看出，该主播在直播期间发布了多条视频为直播间引流，视频引流占比为 21%，其中一条视频的直播期间视频点赞增量多达 10.9 万次，可见这条视频的火爆为直播间带来了比较大的流量。

图 7-21　直播预热视频数据

### 5. 观众互动数据，发现观众的关注焦点

通过直播间的弹幕互动数据，我们可以发现观众的关注焦点，进而判断观众的消费意愿。

图 7-22 所示为弹幕词云，在该图所示的弹幕词云中，"手机""面膜"为高频词，说明这些商品更能够调动观众的兴趣。

除此以外，直播间发放福袋也是常见的互动方法。观众参与领福袋活动后会自动发送预设口令，这也有助于提高直播间的热度。

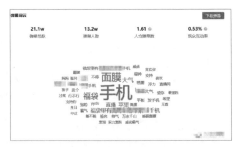

图 7-22　弹幕词云

图 7-23 所示为福袋数据，该直播间共发放了 98 个福袋，吸引了近 400 万名观众参与活动。

福袋分析

发布福袋个数：98　总参与人次：3783210

| 福袋关品 | 福袋类型 | 参与范围 | 参与条件 | 发布时间开奖时间 | 参与人数 | 中奖人数 |
|---|---|---|---|---|---|---|
| 抖币 | 抖币 | 仅粉丝团 | 手动参与,发返口令：拍完你们在等哦。浮力感面有手机,粉丝团等哦,粉丝团点亮 | 18:16:56 18:17:56 | 16583 | 50 |
| 精华面膜70ML | 实物 | 仅粉丝团 | 手动参与,发返口令：福袋里有●●●●●●,浮力感面有手机,粉丝团等哦,粉丝团点亮 | 18:05:28 18:15:29 | 42787 | 100 |
| 抖币 | 抖币 | 仅粉丝团 | 手动参与,发返口令：拍完你们在等哦。浮力感面有手机,粉丝团等哦,粉丝团点亮 | 18:01:14 18:02:14 | 19169 | 50 |

图 7-23　福袋数据

# 7.6　直播营销案例

本节我们通过一个具体的案例，来进一步认识直播营销。

### 1. 营销背景

×米手机起初以高性价比的卖点击中手机"发烧友"的内心，由于其价格十分亲民，不少×米手机用户能够轻易做到一年换一部手机。×米 10 手机作为 10 周年数字旗舰机，由于受到各种外部因素的影响而无法举行线下产品发布会，只能选择在线上举行产品发布会。

×米手机的这次线上发布会获得了不少用户的关注。产品上市后，不论媒体评论还是用户口碑，都取得了喜人的效果！

### 2. 营销目的与产品特点

此次直播营销的主要目的是推出新品，因此最重要的是弄清楚新品的特点。

例如，在外观设计上，采用了柔性曲面屏，基本上看不到四周的黑色边框，整体视觉感非常不错，而且即使在阳光下，该屏幕的显示效果也会很清晰。在硬件配置上，搭载了目前最强的骁龙 865 芯片，不仅支持 NSA/SA 的双模组网，还支持双卡三频；在摄像头上，采用了后置四摄的设计方案。

### 3. 营销策略与执行

本次新品发布会，通过××卫视线上直播方式进行。爱奇艺、腾讯视频、优酷直播、微博、淘宝直播等 70 余家直播平台和渠道也成为此项目的营销核心。

发布会开始前一周，该公司通过自有 × 米社区平台和其他社交平台进行了宣传预热，以通知老顾客和吸引新的潜在顾客来观看发布会，解答顾客的疑问。

例如，在微博上建立微博矩阵，既有品牌区分，也有产品区分；既有高管区分，也有员工区分，总体上构成了公司品牌与个人品牌的互补，每个微博账号都相互关注，形成了多维度结构。此外，策划微博栏目话题，策划公司官方账号与高管发布内容，设置"× 米 10"超话，引起粉丝讨论，加强与粉丝的互动，增强粉丝黏性，创造更多的产品价值。

### 4. 营销效果

2 月 13 日，线上产品发布会观看人数达 300 多万。2 月 14 日，× 米 10 手机首售，仅用一分钟全平台销售额就破 2 亿元。2 月 18 日，× 米 10 Pro 版手机首售，仅用 50 秒全平台销售额就破 2 亿元。× 米股价不断走高，2 月以来股价大涨 11.46%。

## 任务实训

### 实训 1　策划并执行一场直播

#### 🎓　实训目标
明确直播的前期规划，锻炼直播过程中的控场能力。

#### 🎓　实训内容
（1）学会制作直播策划方案。
（2）主导开展一次直播。

#### 🎓　实训要求
（1）制作一份关于直播营销的知识型直播方案。
（2）主持直播，进行直播营销的知识讲解。

#### 🎓　实训步骤
（1）前期准备及宣传
① 内容准备：整理要讲解的知识要点，形成提纲。
② 直播硬件：手机。
③ 直播软件：抖音。
④ 直播场地：多媒体教室。
（2）热场
① 预约好直播间，制作宣传视频，提前一天将其发到抖音、微信朋友圈和微博等渠道进行预热。
② 开始前 30 分钟将直播入口发送至微信朋友圈和抖音。

③开始前 5 分钟再将直播快速入口发送至微信朋友圈。

（3）直播现场活动安排

①播放几个直播营销的成功案例，引入主题。

②向观众提问，询问其是否对直播营销感兴趣，引导观众互动。

③进行知识讲解，在讲解过程中，可以安排 1～2 名小助手，协助答疑解惑，调节气氛。

④讲解结束，感谢观众，并询问观众是否有疑问，可以一起探讨。

### 实训 2　直播数据复盘

**实训目标**

掌握直播复盘数据分析的方法。

**实训内容**

通过飞瓜数据进行直播复盘。

**实训要求**

根据飞瓜数据的直播数据，制作一份直播复盘数据报告。

**实训步骤**

（1）打开飞瓜数据，查看数据概览，了解直播的整体情况，分析主播的人气。

（2）分析观众画像。

（3）分析流量来源。

（4）分析观众互动数据。

（5）撰写直播复盘数据报告。

## 思考与练习

**一、判断题**

1．绝大多数直播平台都是单一属性，单一维度定位的。（　　　）

2．知识讲解类直播应选择商务类直播平台。（　　　）

3．观众弹幕与主播无关，无需监控弹幕。（　　　）

4．不同的直播营销方式是相互独立的，不能将直播营销方式进行组合。（　　　）

5．直播营销会随着直播结束而结束，不会产生二次传播。（　　　）

**二、单项选择题**

1．下列选项中，不属于直播营销特点的是（　　　）。

　　A．实时性　　　B．互动性　　　C．真实性　　　D．稳定性

2．下列选项中，关于直播风险的防范，说法错误的是（　　　）。

　　A．严防环节设置漏洞

B．直播使用的物料，不会产生侵权

C．严格审核主持词

D．实时监控弹幕

3．不适合将"讲产品"作为重点的直播营销方式是（　　　）。

 A．"颜值"营销    B．明星营销

 C．对比营销     D．稀有营销

4．下列选项中，关于直播过程中活跃直播氛围的方式，说法错误的是（　　　）。

 A．编造一些不实信息，吸引观众

 B．主播在直播时要多看弹幕，围绕观众留言进行讨论

 C．可以通过抽奖与观众互动

 D．可以通过连麦与观众互动

5．直播复盘的数据不包括（　　　）。

 A．流量数据     B．观众互动数据

 C．观众画像     D．主播话术数据

## 三、简答题

1．什么是直播营销？

2．直播平台主要有哪些，请简要介绍。

3．直播营销活动的流程策划分为哪 5 步？

4．直播营销的常见方式有哪些？请列举其中 3 种方式，并说出其特点。

5．简述直播复盘的意义。

# 第 8 章
# 其他新媒体营销方式

 **学习目标**

√　了解什么是 H5 营销，以及 H5 营销的特点和应用场景
√　掌握 H5 营销的策略
√　掌握软文营销的特点和策略
√　掌握 App 营销的特点、App 推广和 App 运营的模式
√　掌握二维码营销与运营的方式

 **学习导图**

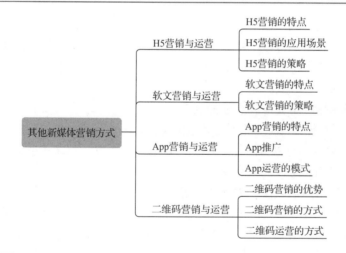

## 8.1　H5 营销与运营

H5 营销是指利用 H5 技术（主要是 HTML5 技术），在页面上融入文字动效、音频、视频、图片、图表、音乐、互动调查等媒体表现方式，将品牌核心观点重点突出，使页面形式更加适合阅读、展示、互动的一种广告营销方式。

### 8.1.1　H5 营销的特点

随着移动互联网的快速发展，移动端市场越来越大，因此也

衍生出了各式各样的新技术，H5 技术就是其中之一。H5 营销为什么会如此流行？因为 H5 营销相比其他宣传类广告有以下 6 个突出的特点。

### 1. 传播快速

H5 营销可以让用户快速接收到所需要的信息，使线上营销具有时效性，提高了传播效率。

### 2. 展示形式好

H5 页面将图片、文字与其他多媒体组合在一起，是既不太费流量，效果又好的展示形式，还适合用户随时随地利用碎片化时间来阅读，提高了营销效果。

### 3. 具有跨平台性

H5 营销具有跨平台性。H5 页面可以通过移动端传递给用户，还可以让用户通过社交平台传播出去。H5 页面中包括品牌信息、产品信息、微信公众号、企业文化等内容。企业可以利用 H5 页面为品牌吸粉引流，刺激用户转发分享，形成二次传播。

### 4. 创作效率高

H5 营销虽然在创意、构思、设计操作、实现阶段上和传统营销有类似的流程，但它完全挣脱了复杂的媒体枷锁。一方面，H5 营销能够借助服务器的数据来对内容的方向和用户的反馈做出分析和计划。另一方面，我们不再需要长久的制作等待，投放也在线上操作，点击一下鼠标就能把内容推送给用户。此外，设计制作的文件存储在服务器上，创作者可以及时修改调整，相关修改能够同步至用户处，大大提高了创作效率。

### 5. 提高品牌曝光度和企业知名度

H5 页面在传播性上，相对于传统的文字和图片而言，表现形式更为新颖，并且具有互动性，可以提高传播效率。H5 页面中可以加入品牌信息，并通过社交平台进行传播，可以提高品牌曝光度和企业知名度。

### 6. 提高用户活跃度，增强用户黏性

企业可以把 H5 页面的链接放到微信公众号菜单中，这样用户就可以在微信公众号相应的菜单栏目中快速浏览到企业的 H5 页面，这样既可以增加企业微信公众号的特色，还可以提高用户活跃度和增强用户黏性。

## 8.1.2　H5 营销的应用场景

H5 营销因酷炫美观的效果，丰富多样的活动，集趣味性与传播性为一体的特点，受到了大众的喜爱。H5 营销有哪些应用场景呢？下面详细讲解了 H5 营销的 6 个应用场景。

### 1. 品牌传播

通常，品牌传播 H5 页面首先会在整体结构和主题设计上侧重于突出品牌形象、渲染品牌情怀，以便使用户在短时间内对品牌产生基础的认知，并进一步与

品牌理念达成共识；然后通过创意性的方案和个性化的设计，迅速让用户对品牌留下深刻的印象。

图 8-1 所示为某手表的品牌传播 H5 页面，通过动态效果将不同的静态画面连接起来，用户可以通过点击屏幕，查看下一页内容。该 H5 页面以爱情为主题，将该品牌手表优雅的特质传递给了用户，并使用户加深了对该手表的记忆。

图 8-1 某手表的品牌传播 H5 页面

### 2. 活动运营

活动运营 H5 页面与品牌传播 H5 页面不同，前者侧重于组合多种创意活动，进而烘托出浓厚的活动氛围，提高用户的互动性和参与的趣味性。活动运营 H5 页面常见的形式有音乐相册、红包、游戏、节日贺卡等。

图 8-2 所示为某品牌服装的母亲节活动运营 H5 页面，该品牌借助母亲节的火热气氛，发布了一些促销活动，成为母亲节期间借势销售的一大亮点。

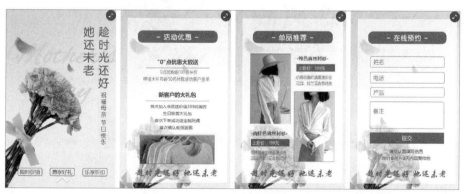

图 8-2 某品牌服装的母亲节活动运营 H5 页面

### 3. 企业招聘

企业招聘 H5 页面通常会通过简洁有趣的方式吸引求职者的视线，让求职者了解企业，增强企业的竞争力，使企业的招聘工作更加高效。

图 8-3 所示为某企业招聘 H5 页面，该企业通过有趣的标题，吸引了求职者的视线，引导求职者查看企业的招聘信息。

图 8-3　某企业招聘 H5 页面

### 4. 产品介绍

产品介绍 H5 页面一般以产品自身特点为依据，放大产品优势，完成产品的形象塑造。

图 8-4 所示为某服装新品介绍 H5 页面，整个页面简约大气，以绿色为主色调，清新自然，很容易吸引用户的视线。

图 8-4　某服装新品介绍 H5 页面

### 5. 商品营销

商品营销 H5 页面会通过各种设计，激发用户的购买欲望！

图 8-5 所示为商品营销 H5 页面，有趣的设计加上有力的促销活动，可以促进商品销售。

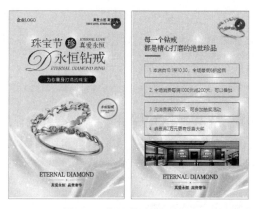

图 8-5　商品营销 H5 页面

### 6. 汇报总结

汇报总结 H5 页面可以让枯燥乏味的汇报总结变得生动、有趣。

图 8-6 所示为汇报总结 H5 页面，通过好的设计，增强了 H5 页面的阅读感，分屏展示出各项情况。

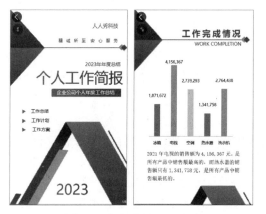

图 8-6　汇报总结 H5 页面

## 8.1.3　H5 营销的策略

H5 营销的流行，催生了许多优质的 H5 页面，虽然很多 H5 页面设计得很好，但仍旧无法引起大范围的传播。要想吸引用户点开 H5 页面，促成 H5 营销，还需要掌握一定的营销策略。

**（1）内容和创意求新。**第一，内容上要做到有趣、实用，另外还需要紧跟热点，利用话题效应，只有这样才能抓住用户的眼球，才能促使用户进行分享、传播，达到营销效果。第二，创意上一定要结合品牌调性，尽量做到视、听都要创新，这样才能让人眼前一亮。

**（2）价值点要能打动用户。**一个好的 H5 页面需要根据品牌的形象定位及受众的特性进行设计，要将品牌或产品的功能性特征抽象到生活方式或者精神追求的层次上，只有这样才能与用户产生共鸣，打动用户。

（3）**在技术上寻求突破**。H5营销要想脱颖而出，必须大胆应用其多媒体特性，而不是仅体现触摸、滑动等传统幻灯片式的简单操作，其核心应用技术还是要"高大上"。

（4）**多渠道推广**。充分调动可以利用的一切渠道资源，进行多种形式的推广，如微信公众号、微信群、二维码等。另外，还可以策划开展多种线上线下活动，增强用户对品牌的倾向性。

## 8.2　软文营销与运营

软文是指通过特定的概念诉求，以摆事实讲道理的方式使消费者走进企业设定的"思维圈"，以强有力的针对性心理攻击，迅速实现产品销售的集文字、图片和口头传播于一体的广告形式。

软文营销是个人和企业通过撰写、发布软文，达成交易目的的一种营销方式。

### 8.2.1　软文营销的特点

软文营销是生命力最强的一种营销形式，也是很有技巧性的一种广告形式，它的精妙之处在于一个"软"字。下面主要介绍软文营销的特点。

扫一扫

#### 1. 费用低

软文不像传统硬性广告的门槛那么高。传统硬性广告费用高昂，单位时间的成本甚至超出单位时间的企业利润；而软文推广的费用只有其十分之一、百分之一，甚至千分之一。只要软文写得好，让读者产生共鸣，就能达到很好的推广效果，就算是刚起步的小企业，也完全支付得起软文推广的费用。

#### 2. 信任度高

传统硬性广告通常都是直接植入广告，难以吸引人；而软文虽有营销性质，但广告植入并不明显，不容易造成读者反感。只要撰写者用心撰写了对读者有用的软文，让读者愿意接受，读者一般都乐意帮助你传播。

#### 3. 传播渠道广

软文的载体形式、传播渠道多种多样，如论坛帖子、博客文章、网络新闻、电影、游戏等。

#### 4. 传播持续时间长

软文传播力强，通常只要不删帖，就能一直持续传播。拥有传播性的软文，通常都是已经被读者信任的文章，读者先被吸引，然后觉得它有作用，便乐意帮你分享。只要内容好，软文就可能会被不断传播。

**素养课堂**

《千万不要用猫设置手机解锁密码》，就是某品牌手机的一则软文广告。文章讲述主人公用猫设置手机解锁密码后遇到的一系列囧事，十分有趣，具有可读性，同时介绍了该手机的"刷指纹解锁、保密性高、手机不充电两天还有电"等功能。该软文微博转发、评论、点赞达26万次，借助社交平台，传播效果极好。足以看出软文营销对广大消费者的影响力，但是需要注意的是，在软文营销中也要自觉树立正确的营销价值观，从市场营销的核心价值观——"以顾客为中心"出发，融合社会主义核心价值观中的"诚信""公正""法治""平等"等理念，培育并践行"诚信经营""公平交易""顾客至上"等积极正确的营销价值观。

### 8.2.2 软文营销的策略

软文营销绝不仅仅是临时写一篇软文，而是需要经过周密的思考，写一系列的文章，这些文章环环相扣，由浅入深，一步一步地达到促进销售的目标。在软文营销的过程中，具体的文章内容不一定要直接推广产品，可能只是先普及某一种概念，或为后面的计划做铺垫。

扫一扫

做好软文营销，首先要构建品牌信任形象，其次要引发读者的情感共鸣，最后要做好渠道推广，软文营销如图8-7所示。

图8-7 软文营销

#### 1. 构建品牌信任形象

构建品牌信任形象时，我们一方面可以通过一些具体事实来提高用户对品牌的信任度，另一方面可以合理运用他人的观点，来提高品牌的可信度。这里的"他人"包含权威部门、行业巨头，以及一些达人、"大咖"等。

#### 2. 引发读者的情感共鸣

要想更好地引发读者的情感共鸣，我们可以从以下3个方面入手，引发读者情感共鸣如图 8-8 所示。

（1）**场景共鸣**。场景共鸣就是在常见的场景刻画中添加与品牌相关的内容，实现与读者的情感共鸣。场景共鸣的使用其实非常广泛。例如，某品牌巧克力的表白场景刻画，某碳酸饮料的聚会场景刻画等，都通过将品牌融入大家熟知的场景中，进而让品牌形象深入人心。

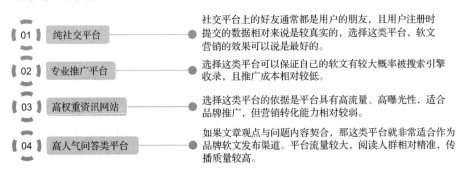

图 8-8　引发读者情感共鸣

（2）**投其所好**。投其所好是指在软文中展现一些读者想要看到的内容。这些内容可以是大众生活的现状，也可以是依据"人性特点"创作出来的内容。例如，关于工作问题的软文，如果它阐述了掌握某项技能的重要性，且附上了合理论据，那其所引发的情感共鸣将不容小觑。

（3）**突出"矛盾点"**。生活中的矛盾无处不在，在软文中对矛盾点进行刻画是很容易获得读者的关注并引发读者的情感共鸣的。例如，某台灯的广告刻画了父母出差在外，孩子的学习无人照管的矛盾点，这就通过对矛盾点的刻画，进行了品牌推广。

**3. 做好渠道推广**

做好渠道推广最重要的就是选择合适的推广平台。一般情况下，用户会对一些权威性比较高的平台发布的信息有较强的信任感。图 8-9 所示为渠道推广平台，通常，软文营销可以选择图 8-9 所示的几类平台。

| 01 | 纯社交平台 | 社交平台上的好友通常都是用户的朋友，且用户注册时提交的数据相对来说是较真实的，选择这类平台，软文营销的效果可以说是最好的。 |
| --- | --- | --- |
| 02 | 专业推广平台 | 选择这类平台可以保证自己的软文有较大概率被搜索引擎收录，且推广成本相对较低。 |
| 03 | 高权重资讯网站 | 选择这类平台的依据是平台具有高流量、高曝光性，适合品牌推广，但营销转化能力相对较弱。 |
| 04 | 高人气问答类平台 | 如果文章观点与问题内容契合，那这类平台就非常适合作为品牌软文发布渠道。平台流量较大，阅读人群相对精准，传播质量较高。 |

图 8-9　渠道推广平台

## 8.3　App 营销与运营

App 营销与运营其实就是应用程序的营销与运营，随着智能手机和平板电脑等移动终端的普及，人们逐渐习惯了使用 App 客户端上网，而且目前国内各大电商企业均拥有自己的 App 客户端，这标志着 App 客户端的商业应用已经初露锋芒。很多企业也开始以 App 为载体，推广品牌、挖掘新用户、开展营销。

### 8.3.1　App 营销的特点

随着移动互联网的快速发展，绝大多数的手机使用者都在使用手机看新闻、看视频、听音乐等，在此大背景下，App 营销的价值逐渐凸显。App 营销具有以下 5 个特点。

扫一扫

#### 1. 精准营销

App 借助先进的数据库技术、网络通信技术及现代高度分散的物流等手段保障和客户的长期个性化沟通，使营销达到可度量、可调控等精准要求，保持企业和客户的密切互动，不断满足客户的个性化需求，建立稳定的企业忠实粉丝群，实现客户链式反应增值，从而达到企业长期稳定高速发展的目标。

#### 2. 互动性强

各个 App 的功能较多，用户除了可以用以满足普通的生活、娱乐需求外，还可以进行评论、分享等互动操作，这在无形中加强了用户与企业之间的联系。

#### 3. 用户黏性强

App 本身具有很强的实用价值，用户手机上或多或少都会有一些 App，这些 App 通常对用户的生活、学习、工作有一定的帮助。一旦用户将 App 下载到手机上，App 中的各类任务和趣味性的竞猜就会吸引用户，增强用户黏性。

#### 4. 信息全面

App 能够全面地展现产品信息，让用户在购买产品之前就能感受到产品的魅力，减少对产品的抵抗情绪，刺激用户的购买欲望。

#### 5. 方式灵活

App 的营销方式较为灵活，用户可以扫描二维码直接下载安装 App，也可以通过应用商店下载安装 App；企业可以通过手机或计算机后台发布、管理 App 中展示的内容。同时，用户在 App 中产生的行为数据也可以被企业统计分析，这样企业可以更好地分析用户行为，及时调整优化营销策略。

 **课堂讨论**

你的手机上都安装了哪些 App？你为什么会安装这些 App？

### 8.3.2　App 推广

App 营销的基础是通过各种途径推广 App，这样才能获得更多的用户。图 8-10 所示为 App 推广，App 推广主要可以使用该图所示的 6 种方法。

扫一扫

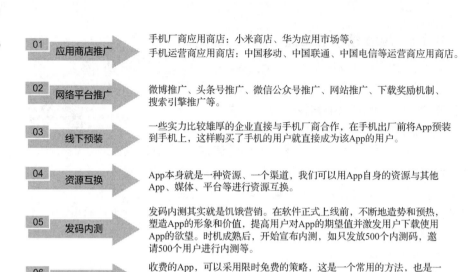

| 01 | 应用商店推广 | 手机厂商应用商店：小米商店、华为应用市场等。<br>手机运营商应用商店：中国移动、中国联通、中国电信等运营商应用商店。 |
| 02 | 网络平台推广 | 微博推广、头条号推广、微信公众号推广、网站推广、下载奖励机制、搜索引擎推广等。 |
| 03 | 线下预装 | 一些实力比较雄厚的企业直接与手机厂商合作，在手机出厂前将App预装到手机上，这样购买了手机的用户就直接成为该App的用户。 |
| 04 | 资源互换 | App本身就是一种资源、一个渠道，我们可以用App自身的资源与其他App、媒体、平台等进行资源互换。 |
| 05 | 发码内测 | 发码内测其实就是饥饿营销。在软件正式上线前，不断地造势和预热，塑造App的形象和价值，提高用户对App的期望值并激发用户下载使用App的欲望。时机成熟后，开始宣布内测，如只发放500个内测码，邀请500个用户进行内测等。 |
| 06 | 限时免费 | 收费的App，可以采用限时免费的策略，这是一个常用的方法，也是一个比较有效的方法。互联网上有很多限时免费的平台，需要好好地利用起来。 |

图 8-10　App 推广

### 8.3.3　App 运营的模式

　　市场上的 App 越来越多，App 营销效果的好坏取决于 App 运营的好坏。可以说，一款 App 的成功既需要 App 本身功能强大，也需要与 App 运营协同，二者缺一不可。App 运营有以下 4 种常见的模式。

#### 1．广告植入模式

　　广告植入模式是 App 运营中最基本的模式。广告主在 App 中植入动态广告，用户点击广告栏，就可以直接进入网站，既可以了解广告详情，也可以参与活动。此模式操作简单，能够快速地达到很好的传播效果，提高品牌的知名度，能够形成强大的品牌渗透力。

#### 2．移植模式

　　移植模式是基于购物网站进行的，将购物网站转换成 App 并移植到手机上，这样用户可以通过 App 随时随地浏览网站，获取商品信息并下单。此模式相较于购物网站的优势是快速便捷，内容丰富，而且一般带有很多优惠措施。

#### 3．用户参与模式

　　用户参与模式主要应用于网站移植类 App 和品牌应用类 App。企业把符合自己定位的 App 发布到应用商店内，供智能手机用户下载，用户利用此 App 可直观地了解企业和产品的信息，进而可以增强对产品的信心。

#### 4．内容营销模式

　　内容营销以图片、文字、动画等介质传达企业的相关内容给客户，促进销售，也就是通过合理的内容创建、发布及传播，向用户传递有价值的信息，从而实现网络营销的目的。内容营销可以帮助企业切实提高用户对品牌的忠诚度并增强用户黏性。

App 内容营销的具体内容如图 8-11 所示。

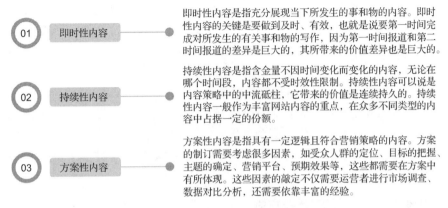

| 01 即时性内容 | 即时性内容是指充分展现当下所发生的事和物的内容。即时性内容的关键是要做到及时、有效，也就是说要第一时间完成对所发生的有关事和物的写作，因为第一时间报道和第二时间报道的差异是巨大的，其所带来的价值差异也是巨大的。 |
| 02 持续性内容 | 持续性内容是指含金量不因时间变化而变化的内容，无论在哪个时间段，内容都不受时效性限制。持续性内容可以说是内容策略中的中流砥柱，它带来的价值是连续持久的。持续性内容一般作为丰富网站内容的重点，在众多不同类型的内容中占据一定的份额。 |
| 03 方案性内容 | 方案性内容是指具有一定逻辑且符合营销策略的内容。方案的制订需要考虑很多因素，如受众人群的定位、目标的把握、主题的确定、营销平台、预期效果等，这些都需要在方案中有所体现。这些因素的敲定不仅需要运营者进行市场调查、数据对比分析，还需要依靠丰富的经验。 |

图 8-11　App 内容营销的具体内容

# 8.4　二维码营销与运营

现在二维码随处可见，商场、电梯、餐厅的餐桌都在提醒人们"扫码有惊喜"。二维码凭借其现代化、网络化的优势，被各个企业深度开发，为企业营销提供了一个低成本的快捷入口，同时也拉近了企业和消费者的距离。

## 8.4.1　二维码营销的优势

二维码营销，顾名思义就是通过二维码来进行推广营销。二维码本身并不具备营销性质。企业依托于互联网平台，将营销活动变成信息，通过二维码传达给消费者，消费者扫码之后即可直接参与营销活动。

二维码营销现在已经成了一种被企业和大众认可的常用营销工具。二维码营销有以下 4 种优势。

### 1. 不受时间和地域的限制

用户只需通过手机扫描二维码就可以随时随地浏览、查询、支付等，方便快捷，不受时间和地域限制。

### 2. 被大众熟知，更容易打入市场

随着移动互联网的快速发展，二维码在人们的工作和生活中得到广泛普及，二维码的功能也越来越齐全、越来越人性化，这使得二维码营销更容易被大众接受，更容易打入市场。企业可以通过二维码提供扫码下单、促销、礼品赠送、在

线预订等服务，用户只要对产品、活动等感兴趣，就可以扫码参与，企业就可以获取用户的信息，以便进一步与用户互动（例如设置一些互动小游戏），促使用户多次复购，增强用户黏性。

**3. 跨越线上线下，实现整体营销**

企业进行二维码营销时，可以将文字、图片、视频、链接等植入二维码，然后通过名片、报刊、宣传单、广告牌等线下途径进行投放，也可以通过社交平台等线上途径进行投放，这使企业能够轻松跨越线上线下，实现整体营销。

**4. 不需要反复制作，减少制作成本**

企业在营销过程中，营销策略需要随着市场的变化而不断变化，营销内容自然也要随之变化。在二维码营销过程中，如果营销策略改变了，企业通过系统后台就可以更改营销内容，不需要重新制作投放，有效地减少了企业重新制作的成本。

### 8.4.2　二维码营销的方式

由于二维码具有信息容纳度高、表现形式多样、操作便捷等特点，二维码营销就成了移动互联网时代企业营销不可或缺的一种方式，对于企业来说，这是塑造品牌的绝佳机会。

图 8-12 所示为二维码营销的方式，通常，企业在进行二维码营销时会采取图 8-12 所示的 4 种方式。

将二维码植入社交平台，借助社交平台进行二维码营销，如植入微信、微博等。

借助社交平台

02

将二维码印刷在传统广告位上，如商场广告牌、报纸、杂志等上，使二维码与传统媒介相结合，通过传统媒介进行二维码营销。

借助传统媒介　01　营销方式　03　借助电商平台

将二维码植入电商平台，借助电商平台进行二维码营销，如植入淘宝、京东、拼多多等。企业可以在这些平台中投放二维码，以吸引用户扫描二维码。

04

借助企业服务

在为用户提供企业服务时，引导用户扫描二维码，进而推动二维码营销。

图 8-12　二维码营销的方式

### 8.4.3　二维码运营的方式

二维码运营最大的特点就是具有很强的便捷性，对运营方式的限制比较少，但是企业要想利用二维码获得好的运营效果，也需要根据企业的特点选择合适的运营方式。

扫一扫

二维码营销是一种可以跨越线上线下的营销方式，根据二维码营销的这一特点，二维码运营的方式可以分为线上运营和线下运营。

**1．线上运营**

二维码的线上运营平台比较多，企业在选择平台时，应选择用户基数比较大或定位比较精准的平台，如微信、微博、抖音等；或者是与企业或产品相对应的网站、论坛等。

**（1）微信。**微信作为一种主流的即时通信工具，不仅具有二维码传播能力，还具有二维码扫描功能。

也就是说，一方面，微信可以将二维码快速精准地传播给具有某些特征及消费习惯的人；另一方面，微信可以方便用户扫描二维码，进行信息的读取，如扫码支付、扫码骑车、扫码点餐等均可通过微信实现。微信是企业进行二维码营销的主要平台之一。

除了微信本身的功能外，微信公众平台也可以进行二维码营销。在微信公众平台推送内容时附带相关二维码，也能够获得非常好的营销效果。图 8-13 所示为微信公众号中的二维码营销。

图 8-13　微信公众号中的二维码营销

（2）微博。微博是一种媒体属性比较突出的社交工具，其活跃度非常高，而且具有广泛的传播力和影响力。很多企业或个人都会选择在微博上发布附带相关活动信息的二维码，其效果也是非常显著的。图 8-14 所示为微博上的二维码营销。

图 8-14　微博上的二维码营销

### 2. 线下运营

在新媒体营销与运营快速发展的大背景下，虽然传统营销与运营遭受了一定的冲击，但是很多企业及时调整战略，实现了传统营销与新媒体营销的整合。例如，企业将二维码印刷在产品包装、产品说明书、优惠券、名片等传统媒介上，通过传统营销推进二维码营销。图 8-15 所示为宣传单上的二维码。

图 8-15　宣传单上的二维码

## 任务实训

### 实训 1　推广、运营某 App

#### 实训目标

（1）了解 App 推广的方法。

（2）掌握 App 运营的模式。

#### 实训内容

推广某 App，并在该 App 中植入广告。

### 实训要求

从企业的角度选择推广 App 的途径。

### 实训步骤

（1）选择一个自己喜欢使用的 App。

（2）分析该 App 的具体优势。

（3）选择合适的途径对该 App 进行推广。

## 实训 2　通过二维码推广某微信公众号

### 实训目标

（1）了解二维码营销的优势。

（2）了解二维码营销的方式。

### 实训内容

通过二维码推广某微信公众号。

### 实训要求

在微博中通过二维码进行某微信公众号的推广。

### 实训步骤

（1）分析要推广的微信公众号的优势。

（2）创作该微信公众号的推广文案。

（3）将二维码置于推广文案中，并通过微博发布该文案。

## 思考与练习

**一、判断题**

1．H5 营销是在页面上融入文字动效、音频、视频、图片、图表、音乐、互动调查等媒体表现方式，将品牌核心观点重点突出，使页面形式更加适合阅读、展示、互动的一种广告营销方式。（　　）

2．H5 营销要想脱颖而出，必须大胆应用其多媒体特性，而不是仅体现触摸、滑动等传统幻灯片式的简单操作。（　　）

3．软文营销的广告植入并不明显，因此信任度比较低。（　　）

4．App 内容营销的具体内容不包括即时性内容。（　　）

5．二维码本身就具备营销性质，企业将营销活动变成信息，通过二维码传达给消费者，消费者扫码之后即可直接参与营销活动。（　　）

**二、单项选择题**

1．H5 营销相比其他宣传类广告，突出的特点有（　　）。

A．专属平台　　　　　　　　B．展示形式好

C．创作效率不高　　　　　　D．企业曝光率低

2．关于 H5 营销的应用场景，下列说法正确的是（　　　）。

A．品牌传播 H5 页面侧重于组合多种创意活动，进而烘托出浓厚的活动氛围，提高用户的互动性和参与的趣味性

B．活动运营 H5 页面就是通过各种设计，激发用户的购买欲望

C．企业招聘 H5 页面通常会通过简洁有趣的方式吸引求职者的视线，让求职者了解企业，增强企业的竞争力，使企业的招聘工作更加高效

D．商品营销 H5 页面一般以产品自身特点为依据，放大产品优势，完成产品的形象塑造

3．在软文营销过程中，在构建品牌信任形象时，下列说法错误的是（　　　）。

A．在常见的场景刻画中添加与品牌相关的内容，实现与读者的情感共鸣

B．在软文中展示一些读者想要看到的内容

C．在软文中对矛盾点进行刻画

D．在软文中避免对矛盾点进行刻画

4．关于二维码营销的优势，下列说法错误的是（　　　）。

A．可以借助社交平台　　　　B．可以借助电商平台

C．不能借助传统媒介　　　　D．可以借助企业服务

5．关于 App 营销的特点，下列说法错误的是（　　　）。

A．App 营销可以达到可度量、可调控等精准要求，保持企业和客户的密切互动

B．用户可以进行评论、分享等互动操作

C．App 的下载渠道单一，只能通过应用商店下载

D．App 能够全面地展现产品信息，能够刺激用户的购买欲望

## 三、简答题

1．要想吸引用户点开 H5 页面，推进 H5 营销，你需要掌握哪些营销策略？

2．App 运营的模式有哪些？请简单描述。

3．App 推广主要有哪些方法？

4．二维码营销现在已经成了一种被企业和大众认可的常用营销工具，它有哪些优势？

5．软文营销怎样引发读者情感共鸣？